R

51008

DES TERRES,

DANS NOTRE MONDE SOLAIRE,

QUI SONT NOMMÉES PLANÈTES,

ET

DES TERRES

DANS LE CIEL ASTRAL.

CATALOGUE des Ouvrages d'EMMANUEL SWEDENBORG, traduits sur l'original latin par J. P. MOËT, de Versailles.

DES TERRES,

DANS NOTRE MONDE SOLAIRE,

QUI SONT NOMMÉES PLANÈTES,

ET

DES TERRES

DANS LE CIEL ASTRAL;

DE LEURS HABITANS, DE LEURS ESPRITS ET DE LEURS ANGES,

D'APRÈS CE QUI Y A ÉTÉ ENTENDU ET VU.

PAR EMMANUEL SWEDENBORG,

SERVITEUR DU SEIGNEUR JÉSUS-CHRIST.

Traduit du latin sur l'Édition de Londres de 1758,

PAR J. P. MOËT, *de Versailles,*

ET PUBLIÉ PAR UN AMI DE LA VÉRITÉ.

A PARIS,

CHEZ TREUTTEL ET WÜRTZ, LIBRAIRES,

RUE DE BOURBON, N° 17.

A STRASBOURG et à LONDRES, même Maison de Commerce.

~~~~~~~~~

1824.

DES
TERRES DANS L'UNIVERS.

INTRODUCTION.

1. Comme les intérieurs de mon esprit m'ont été ouverts par la divine Miséricorde, et que par là il m'a été donné de parler non seulement avec les esprits et les anges qui sont auprès de notre terre, mais aussi avec ceux qui sont auprès des autres; j'ai eu le désir de savoir s'il y a d'autres terres, quelles elles sont, et quels sont leurs habitans, et le Seigneur m'a accordé de parler et de converser avec des esprits et des anges qui sont des autres terres; avec quelques uns pendant un jour; avec quelques autres pendant une semaine, et avec d'autres pendant quelques mois; d'être instruit par eux touchant les terres dont ils étoient, et autour desquelles ils séjournoient; et touchant la vie, les mœurs, le culte des habitans de ces terres, et différentes choses dignes de remarque qu'elles contiennent; et comme il m'a été accordé de connoître ces détails de cette manière, il m'est permis de les écrire d'après ce que j'ai entendu et ce que j'ai vu. Il faut savoir que tous les esprits et les anges sont du genre humain (a), et qu'ils sont autour de leur terre (b), et qu'ils connoissent ce qu'il y a; que l'homme à qui les intérieurs sont ouverts tellement qu'il soit capable de parler et de converser avec ces esprits et ces anges, peut être instruit par eux; en effet, l'homme dans son essence est es-

EXTRAITS DES ARCANES CÉLESTES,

Où tout ce qui suit au bas des pages est expliqué.

(a) Il n'existe point d'esprits ni d'anges qui ne soient du genre humain, n° 1880.

(b) Les esprits de chacune des terres sont aux environs de leur terre, parce qu'ils en ont été habitans et qu'ils sont d'un génie semblable à celui de ces habitans, et ils doivent leur servir, n°. 9968.

1.

prit (c), et il est avec les esprits quant à ses intérieurs (d) : c'est
pourquoi celui à qui les intérieurs sont ouverts par le Seigneur, peut parler avec eux comme un homme avec un autre
homme (e). C'est ce qui m'a été accordé tous les jours pendant
douze ans jusqu'à présent.

2. Qu'il y a plusieurs terres; que sur ces terres il y a des
hommes, conséquemment des esprits et des anges; c'est une
chose très connue dans l'autre vie; car il est accordé à quiconque
dans cette vie désire, par l'amour du vrai, et conséquemment
de l'usage, de converser avec les esprits des autres terres,
d'être confirmé sur la pluralité des mondes, et d'être informé
que le genre humain n'est pas seulement composé d'une seule
terre, mais de terres innombrables, et en outre de savoir quels
sont leur génie, leur vie et leur culte divin.

3. J'ai parlé quelquefois sur ce sujet avec des esprits de
notre terre, et ils m'ont dit que l'homme qui a de l'intelligence
peut savoir, d'après beaucoup de choses qu'il connoît, qu'il
y a plusieurs terres sur lesquelles sont des hommes. En effet,
on peut conclure que des masses aussi immenses que sont les
planètes dont quelques unes excèdent notre terre en grandeur,
ne sont point des masses vides et créées seulement pour être
emportées, pour rouler autour du soleil, et briller de leur
foible lumière, uniquement pour la terre; mais qu'il faut que
leur usage soit plus noble que celui-là. Celui qui croit, comme
chacun doit le croire, que la Divinité, en créant l'univers, n'a
eu d'autre fin que de donner l'existence au genre humain, et
conséquemment au ciel, puisque le genre humain est la pépinière du ciel, ne peut s'empêcher de croire qu'il y a des hommes
partout où il y a une terre. Que les planètes qui sont visibles à

(c) L'âme qui vit après la mort est l'esprit de l'homme, qui dans l'homme
est l'homme lui-même; et dans l'autre vie elle apparoit aussi en parfaite
forme humaine, nos 322. 1880. 1881. 3633. 4622. 4735. 6054. 6605. 6626.
7021. 10594.

(d) L'homme, même quand il est dans le monde, est, quant à ses intérieurs, ainsi quant à son esprit ou à son âme, au milieu des esprits et des
anges tel qu'il est lui-même, nos 2378. 3645. 4067. 4073. 4077.

(e) L'homme peut parler avec les esprits et les anges; et les anciens dans
notre terre ont parlé fréquemment avec eux, nos 67 à 69. 784. 1634. 1636.
7802. Mais aujourd'hui il est dangereux de converser avec eux, à moins
que l'homme ne soit dans la véritable foi et qu'il ne soit conduit par le
Seigneur. nos 784. 9438. 10751.

nos yeux, parce qu'elles sont renfermées dans les bornes du monde de notre soleil, sont des terres, c'est une vérité qu'on peut savoir d'une manière évidente, en ce que ce sont des corps de matière terrestre, parce qu'elles réfléchissent la lumière du soleil, parce que, vues avec des télescopes, elles paroissent non comme des étoiles étincelantes de flammes, mais comme des terres éclairées inégalement à cause de l'obscurité ; et encore parce que ces planètes, ainsi que notre terre, sont emportées et suivent une marche par la route du zodiaque autour du soleil, ce qui leur fait faire les années et les saisons de l'année, qui sont le printemps, l'été, l'automne et l'hiver ; qu'elles ont de même un mouvement de rotation sur leur axe, ce qui leur fait faire les jours et les parties du jour, qui sont le matin, le midi, le soir et la nuit ; de plus encore, parce que quelques unes d'elles ont des lunes qu'on appelle satellites, qui tournent, par des révolutions régulières de temps, autour de leur globe, comme la lune tourne autour du nôtre ; et que la planète de Saturne étant prodigieusement éloignée du soleil, a de plus un grand anneau lumineux qui donne à cette terre beaucoup de lumière, quoique simplement réfléchie. Quel est l'homme qui, connoissant tout cela, et pensant d'après la raison, peut dire que ce ne sont là que des corps inutiles ?

4. Les esprits m'ont dit aussi que l'homme peut croire qu'il y a dans l'univers plus d'une terre, parce que le ciel astral est immense, et renferme d'innombrables étoiles, dont chacune, dans sa place ou dans son monde, est un soleil, et, comme celles de notre soleil, de différente grandeur. L'homme qui examine bien conclut que toute cette immensité ne peut être qu'un moyen pour une fin qui est la dernière de la création ; et que cette fin est le royaume céleste dans lequel la Divinité peut habiter avec les anges et les hommes ; car l'univers visible, ou le ciel rempli et brillant d'un si grand nombre d'étoiles, qui sont autant de soleils, est seulement un moyen pour qu'il existe des terres qui soient habitées par des hommes, dont doit être composé le royaume céleste. D'après cela l'homme raisonnable ne peut penser autre chose sinon qu'un moyen si immense pour une si grande fin, n'a pas été fait pour un genre humain, et conséquemment pour un ciel composé des hommes d'une seule terre. Que seroit-ce pour la Divinité qui est infinie,

pour qui ce seroit peu, et à peine quelque chose, que des milliers et même des millions de terres, et toutes couvertes d'habitans?

5. De plus, le ciel angélique est si immense, qu'il correspond à chacune des choses qui sont chez l'homme, et des millions de choses de ce ciel à chacun de ses membres, de ses organes, de ses viscères, et à chacune de ses affections. Il m'a été donné de savoir que le ciel, quant à toutes ses correspondances, ne peut exister que par les habitans d'un grand nombre de terres. (*f*)

6. Il y a des esprits dont l'unique désir est d'acquérir des connoissances, parce que c'est là uniquement qu'ils trouvent leurs délices : c'est pourquoi il est accordé à ces esprits d'aller de tous côtés, et de passer du monde de ce soleil dans les autres mondes, pour y acquérir des connoissances. Ils m'ont dit qu'il y a des terres habitées par des hommes, non seulement dans ce monde solaire, mais encore, et en nombre immense, hors de ce monde, dans le ciel astral. Ces esprits sont de la planète de Mercure.

7. Quant à ce qui concerne le culte divin des habitans des autres terres, en général, ceux qui n'y sont point idolâtres, reconnoissent tous le Seigneur pour Dieu unique, car ils adorent la Divinité, non comme Divinité invisible, mais comme Divinité visible ; parce que, quand la Divinité leur apparoît, elle apparoît en forme humaine, comme autrefois elle apparut à Abraham et à d'autres, sur notre terre (*g*). Ceux qui adorent

---

(*f*) Le ciel correspond au Seigneur, et l'homme, quant à toutes choses en général et en particulier, correspond au ciel; de là vient que devant le Seigneur le ciel paroît comme un homme très grand, et qu'il doit être appelé le Très Grand Homme, nos 2996. 2998. 3624 à 3649. 3636 à 3643. 3741 à 3745. 4625. De la correspondance de l'homme et de toutes ses parties avec le Très Grand Homme, exposée sommairement d'après l'expérience, nos 3021. 3624 à 3649. 3741 à 3751. 3883 à 3896. 4039 à 4051. 4218 à 4228. 4318 à 4331. 4403 à 4421. 4527 à 4533. 4622 à 4633. 4652 à 4660. 4791 à 4805. 4931 à 4953. 5050 à 5061. 5171 à 5189. 5377 à 5396. 5552 à 5573. 5711 à 5727. 10030.

(*g*) Les habitans de toutes les terres adorent la Divinité sous une forme humaine, ainsi le Seigneur, nos 8541 à 8547. 10159. 10736 à 10738. Et ils sont ravis de joie quand ils apprennent que Dieu s'est réellement fait homme, no 9361. Il n'est pas possible de penser à Dieu, sinon dans une forme humaine, nos 8705. 9359. 9972. L'homme peut adorer et aimer ce

le Seigneur sous la forme humaine, sont tous acceptés par le Seigneur (h). Ils disent aussi que personne ne peut convenablement adorer Dieu, et encore moins se conjoindre à lui, à moins qu'il ne le comprenne par quelque idée, et qu'il est impossible de le comprendre autrement que sous la forme humaine; que s'il n'est compris ainsi, la vue intérieure, qui est celle de la pensée touchant Dieu, est dissipée comme la vue de l'œil, quand on considère vaguement une étendue sans borne; et qu'alors la pensée ne peut que tomber sur la nature, et la nature être adorée au lieu de Dieu.

8. Lorsque je dis à ces esprits que le Seigneur s'étoit revêtu de l'humanité sur notre terre, ils réfléchirent quelques instans, et aussitôt ils me dirent que cela a été fait pour le salut du genre humain.

DE LA TERRE, OU PLANÈTE DE MERCURE,

DE SES ESPRITS ET DE SES HABITANS.

9. Que tout le ciel représente un seul homme, qui pour cela est nommé le Très Grand Homme, et que toutes les choses en général et en particulier, qui sont chez l'homme, tant les extérieures que les intérieures, correspondent à cet homme ou au ciel, c'est un mystère qui n'est pas encore connu dans le monde; mais j'ai déjà fait voir qu'il en est ainsi. (Voyez la note f.) Or, pour constituer ce Très Grand Homme il ne suffit pas de ceux qui de notre terre vont dans le ciel; ils sont en trop petit nombre par rapport à son immensité : ils doivent venir de plusieurs autres terres, et il est pourvu par le Seigneur à ce que, dès qu'en un endroit ou en l'autre il manque quelque chose en qualité ou en quantité de correspondance, aussitôt sont tirés de quelque autre terre des habitans qui suppléent, afin que le rapport se maintienne, et qu'ainsi le ciel conserve sa consistance.

dont il a quelque idée; mais il ne peut adorer ni aimer ce dont il n'a nulle idée, nos 4733. 5110. 5633. 7211. 9267. 10067.

(h) Le Seigneur reçoit tous ceux qui sont dans le bien, et qui adorent la Divinité sous une forme humaine, nos 7173. 9359.

10. Il m'a été aussi découvert du ciel ce que les esprits de la planète de Mercure représentent dans le Très Grand Homme ; c'est la mémoire, mais la mémoire des choses abstraites de celles qui sont terrestres et purement matérielles. Or, comme il m'a été accordé de leur parler, et cela pendant plusieurs semaines, d'apprendre quels ils sont, et d'examiner comment se conduisent ceux qui habitent cette terre, je veux rapporter ce que j'en ai appris par des expériences mêmes.

11. Des esprits vinrent auprès de moi, et il me fut dit du ciel qu'ils étoient de la terre la plus proche du soleil, que sur notre terre on appelle planète de Mercure. Dès qu'ils furent arrivés, ils cherchèrent dans ma mémoire ce que je connoissois : c'est ce que les esprits peuvent faire avec beaucoup d'adresse ; car, quand ils viennent auprès de l'homme, ils voient dans sa mémoire chacune des choses qu'elle renferme (i). Comme ils s'enquéroient de différentes choses, et entre autres des villes et des lieux où j'avois été, je m'aperçus qu'ils ne vouloient rien savoir des temples, des palais, des maisons, des places, mais seulement des faits que j'avois appris dans ces lieux ; de ce qui concernoit le gouvernement, le génie, les mœurs des habitans, et autres objets semblables ; car ces connoissances sont attachées aux lieux dans la mémoire de l'homme : ainsi, quand l'idée des lieux s'y réveille, ces différentes choses s'y présentent aussi. Je fus surpris de trouver ces esprits tels ; je leur demandai donc pourquoi ils voyoient avec indifférence la magnificence des lieux, et ne s'enquéroient que des choses et des actions que j'y avois remarquées. Ils me répondirent qu'ils ne trouvoient aucun plaisir à considérer ce qui est matériel, corporel et terrestre, mais seulement ce qui est réel. Par là, je fus confirmé que les esprits de cette terre représentent dans le Très Grand Homme la mémoire des choses abstraites des matérielles et terrestres.

12. Il me fut dit que la vie des habitans de cette terre est telle, qu'ils ne font aucune attention aux choses terrestres et

---

(i) Les esprits entrent dans toutes les parties de la mémoire de l'homme, et ce n'est point d'après leur mémoire qu'ils sont dans celle de l'homme, nos 2488. 5863. 6192. 6193. 6198. 6199. 6214. Les anges entrent dans les affections et dans les fins d'après lesquelles et par rapport auxquelles l'homme pense, veut, agit ainsi, et non autrement, nos 1317. 1645. 5844.

corporelles , mais aux statuts , aux lois , aux gouvernemens des nations qui y sont , ainsi qu'aux choses du ciel, qui sont innombrables. Il me fut dit encore que plusieurs des hommes de cette terre conversent avec les esprits , et que par-là ces hommes ont des connoissances sur les choses spirituelles et sur les états de la vie après la mort , et que de là leur vient aussi le mépris des choses corporelles et terrestres ; car ceux qui reconnoissent comme certaine et croient la vie après la mort , s'occupent des choses célestes, parce qu'elles sont éternelles et heureuses , et non des choses du monde , sinon qu'autant que l'exigent les nécessités de la vie : comme tels sont les habitans de Mercure, tels sont aussi ses esprits (*Voyez* la note *b.*)

13. J'ai pu voir clairement avec quelle avidité ces esprits cherchent et puisent les connoissances des choses, et quelles sont les mémoires élevées au-dessus des objets sensuels du corps , en ce que , quand ils regardoient dans ce que je savois sur les choses célestes, ils parcouroient tout , et disoient aussitôt : Cela est ainsi ; cela est ainsi. En effet quand les esprits viennent dans l'homme, ils entrent dans toute sa mémoire , ils y réveillent tout ce qui leur convient , et même, ce que j'ai souvent remarqué , ils y lisent ce qu'il y a , comme ils liroient dans un livre (*k*). Ces esprits faisoient cette recherche avec la plus grande adresse et la plus grande célérité , parce qu'ils ne s'arrêtoient point sur les choses qui sont pesantes et traînantes, qui resserrent et conséquemment retardent la vue interne , comme sont toutes les choses terrestres et corporelles quand on les a pour fin , c'est-à-dire quand on les aime uniquement ; mais ils considéroient les choses mêmes ; car les choses auxquelles le terrestre n'est point adhérent , élèvent l'âme en haut , et ainsi la mettent dans un vaste champ ; mais les choses purement matérielles abaissent l'âme, la bornent et la ferment. L'avidité de ces esprits d'acquérir des connoissances et d'enrichir leur mémoire se montra aussi à moi par ce que je vais dire. Un jour que j'écrivois quelque chose sur les événemens futurs , et qu'ils étoient éloignés de moi, de manière qu'ils ne pouvoient pas voir par ma mémoire ce que j'écrivois ; comme je ne voulois pas le lire en leur présence , ils furent extrêmement indi-

---

(*k*) Les esprits qui sont chez l'homme sont en possession de toutes les choses qui appartiennent à sa mémoire, n°s 5853. 5857. 5859. 5860.

gnés, et vouloient, contre leur coutume ordinaire, s'emporter contre moi, me disant que j'étois très méchant, et autres choses semblables; et, pour me faire connoître leur colère, ils amenèrent une espèce de contraction avec douleur à la partie droite de ma tête, jusqu'à l'oreille; mais cela ne me fit rien souffrir. Cependant, comme ils avoient agi mal, ils s'éloignèrent encore plus de moi; néanmoins ils s'arrêtoient tout à coup, voulant savoir ce que j'avois écrit. Tel est leur ardent désir des connoissances.

14. Les esprits de Mercure possèdent par-dessus tous les autres esprits les connoissances des choses qui se trouvent tant dans le monde de ce soleil, que hors de ce monde dans le ciel astral; et ce qu'ils ont une fois appris ils le retiennent, et s'en ressouviennent aussi toutes les fois que de semblables choses se présentent à eux. De là aussi on peut voir clairement que les esprits ont une mémoire, et qu'elle est beaucoup plus parfaite que celle des hommes; enfin, que ce que les esprits entendent, voient et saisissent, ils le retiennent, et particulièrement ce qui fait leurs délices, comme les connoissances des choses font les délices des esprits de Mercure. En effet les choses qui délectent et qu'on aime influent comme d'elles-mêmes, et demeurent; les autres choses n'entrent point, mais touchent simplement la superficie, et s'échappent.

15. Quand les esprits de Mercure vont dans d'autres sociétés, ils examinent ce qu'elles savent; et cet examen fait, ils se retirent. Il y a aussi entre les esprits, et surtout entre les anges, une telle communication, que, quand ils sont dans une société, et qu'ils sont acceptés et aimés, toutes leurs connoissances sont communiquées. (*l*)

16. Les esprits de Mercure sont fiers de leurs connoissances par-dessus tous les autres esprits. C'est pourquoi je leur disois que, quoiqu'ils connussent des choses innombrables, il y en avoit cependant une infinité qu'ils ignoroient; et que, quand même leurs connoissances augmenteroient éternellement, ils ne pourroient jamais parvenir à la notice de toutes les choses

---

(*l*) Dans les cieux il existe une communication de tous les biens, parce que l'amour céleste communique aux autres toutes les choses qui lui sont propres; c'est de là qu'ils ont la sagesse et la félicité, n°ˢ 549. 550. 1390. 1391. 1399. 10130. 10723.

générales. Je leur dis qu'ils avoient un orgueil et une enflure d'esprit, et que cela ne convenoit pas. Mais ils me répondoient que ce n'étoit pas de l'orgueil ; que c'étoit seulement un sentiment de gloire produit par la faculté de leur mémoire : c'est ainsi qu'ils peuvent se disculper de leurs défauts.

17. Ils ont en aversion le langage des mots, parce qu'il est matériel : c'est pourquoi, quand il n'y avoit point d'esprits intermédiaires, je ne pouvois converser avec eux que par une espèce de pensée active. Leur mémoire étant une mémoire de choses, et non d'images purement matérielles, fournit plus prochainement ses objets à leur pensée ; car la pensée, qui est au-dessus de l'imagination, recherche pour objets les choses abstraites du matériel. Mais, malgré cela, les esprits de Mercure excellent peu par la faculté du jugement. Ils ne trouvent point de délices dans les choses qui appartiennent au jugement, et aux conclusions par les pensées ; car les connoissances nues font leurs délices.

18. Je leur demandois s'ils ne vouloient pas faire quelque usage par leurs connoissances ; car, leur disois-je, ce n'est pas assez de trouver ses délices dans les connoissances, parce que les connoissances ont pour objet les usages, et que les usages doivent en être les fins ; que l'usage n'étoit pas pour eux par leurs seules connoissances, mais pour d'autres à qui ils voudroient communiquer leurs connoissances ; et qu'il ne convient nullement à l'homme qui veut être sage de rester dans ces connoissances seules, parce qu'elles ne sont que des causes qui doivent aider et servir à trouver les choses qui doivent appartenir à la vie. Mais ils me répondirent que leurs délices étoient dans les connoissances, et que les connoissances pour eux étoient les usages.

19. Quelques uns mêmes de ces esprits ne veulent point paroître comme des hommes, ainsi que le paroissent les esprits des autres terres ; mais comme des globes de crystal. Qu'ils veulent paroître ainsi, quoique effectivement ils ne paroissent point, c'est parce que les connoissances des choses immatérielles sont représentées dans l'autre vie par le crystal.

20. Les esprits de Mercure diffèrent entièrement des esprits de notre terre ; car les esprits de notre terre ne s'occupent pas ainsi des choses immatérielles, mais des choses mondaines, corporelles et terrestres, qui sont matérielles. Aussi les esprits

de Mercure ne peuvent se trouver avec les esprits de notre
terre ; voilà pourquoi partout où ils les rencontrent, ils s'en-
fuient ; car les sphères spirituelles, qui s'exhalent des uns et des
autres, sont presque contraires. Les esprits de Mercure ont
toujours à la bouche qu'ils ne veulent point regarder les enveloppes, mais les choses dépouillées de leurs enveloppes, par
conséquent les intérieurs.

21. Il m'apparut une flamme assez blanche brûlant d'un feu
agréable, et cela pendant près d'une heure : cette flamme signifioit l'arrivée d'autres esprits de Mercure plus prompts à voir, à
penser et à parler, que les premiers. Aussitôt qu'ils arrivèrent
ils parcoururent ce qui étoit dans ma mémoire ; mais je ne pus,
à cause de leur promptitude, saisir ce qu'ils y apercevoient.
J'entendois qu'ils disoient ensuite que cela étoit ainsi. Sur les
choses que j'avois vues dans les cieux et dans le monde des
esprits, ils disoient qu'ils savoient cela auparavant. Je percevois
que la multitude des esprits qui leur étoient associés étoient par
derrière, un peu vers la gauche dans le plan de l'occiput.

22. Dans un autre temps, je vis une multitude de tels esprits,
mais à une certaine distance de moi, en devant, un peu vers la
droite ; et de là ils conversoient avec moi, mais par des esprits
intermédiaires ; car leur langage est aussi rapide que la pensée
qui ne tombe point dans le langage humain, sinon par le
moyen d'autres esprits ; et ce qui me surprit, ils parloient tous
ensemble, et néanmoins avec beaucoup de promptitude et de
célérité : mais parce que ce langage étoit de plusieurs, il étoit
entendu comme le bruit de petites vagues ; et ce qui est digne
d'être rapporté, c'est que ce langage tomboit vers mon œil
gauche, quoique les esprits fussent à ma droite. C'étoit parce
que l'œil gauche correspond aux connoissances des choses
abstraites de tout matériel, ainsi aux connoissances qui appartiennent à l'intelligence ; et l'œil droit correspond aux connoissances qui appartiennent à la sagesse (m). Ils percevoient, avec
la même promptitude qu'ils parloient, les choses qu'ils enten-

---

(m) L'œil correspond à l'entendement, parce que l'entendement est la
vue interne et des choses non matérielles, nos 2701. 4410. 4526. 9051.
10569. La vue de l'œil gauche correspond aux vérités, ainsi à l'intelligence,
et la vue de l'œil droit aux biens du vrai, ainsi à la sagesse, n° 4410.

doient, et ils les jugeoient, en disant : Cela est ainsi ; cela n'est pas ainsi. Leur jugement est comme instantané.

23. Il y avoit un esprit d'une autre terre, qui pouvoit très bien converser avec eux, parce qu'il le faisoit avec promptitude et célérité, mais qui affectoit de s'énoncer avec élégance. En un moment ils jugeoient de ce qu'il disoit, lui répondant : Cela est trop élégant ; cela est trop recherché ; de manière qu'ils faisoient seulement attention s'ils apprendroient de lui quelque chose qui ne leur fût pas connu, rejetant par conséquent les choses qui ne servent que d'ombre, et qui sont principalement des affectations de langage et d'érudition ; car ces afféteries de style cachent les choses mêmes, et mettent à leur place des mots qui ne sont que les formes matérielles des choses. En effet, celui qui parle tient l'esprit occupé de ses paroles, et veut qu'elles soient entendues préférablement au sens qu'on doit y trouver ; et alors l'ouïe de celui à qui il parle est plus affectée que son esprit.

24. Les esprits de la terre de Mercure ne restent point dans un seul lieu, ou dans les assemblées des esprits d'un seul monde ; mais ils parcourent l'univers : la raison est qu'ils représentent la mémoire des choses, qui doit s'enrichir continuellement. C'est pour cela qu'il leur est accordé de circuler çà et là, et d'acquérir partout de nouvelles connoissances. Quand ils voyagent ainsi, et qu'ils rencontrent des esprits qui aiment les choses matérielles, corporelles et terrestres, ils les fuient, et ils se portent aux endroits où ils n'entendent point de telles choses. Par là on peut se convaincre que leur esprit est élevé au-dessus des sens, et qu'ils sont conséquemment dans la lumière intérieure. C'est ce qu'il m'étoit aussi donné de percevoir effectivement, quand ils étoient près de moi et qu'ils conversoient avec moi : alors je m'apercevois que j'étois séparé des sens, au point que la lumière de mes yeux commençoit à s'affoiblir et à s'obscurcir.

25. Les esprits de cette terre vont par cohortes et par phalanges ; et quand ils sont rassemblés, ils forment comme un globe. Ils sont ainsi conjoints par le Seigneur, afin qu'ils fassent un, et que les connoissances de chacun d'eux soient communiquées à tous, et les connoissances de tous à chacun d'eux, ainsi qu'il se fait dans le ciel. (*Voy.* la note *l.*) Qu'ils parcourent continuellement l'univers, pour acquérir de nouvelles connoissances, j'en ai eu la preuve en ce qu'une fois, comme ils paroissoient assez éloignés de moi, ils conversoient de là avec moi, et

me disoient que dans ce moment ils étoient réunis, et alloient hors de la sphère de ce monde, et entroient dans le ciel astral où ils savoient qu'il y avoit de ces esprits qui s'occupoient non des choses terrestres et corporelles, mais des choses élevées, et que c'étoit les esprits avec lesquels ils vouloient être. Il m'a été dit, qu'ils ne savoient eux-mêmes où ils alloient; mais qu'ils étoient portés sous l'inspection divine dans les lieux où ils pouvoient être instruits des choses qu'ils ignoroient, et qui s'accordoient avec celles qu'ils savoient. Il m'a été dit encore qu'ils ignoroient comment ils trouvoient les compagnons à qui ils se conjoignoient, et que c'est aussi sous l'inspection divine que se faisoit cette réunion.

26. Comme ils voyagent ainsi dans tout l'univers, et comme c'est de là qu'ils peuvent savoir, plus que les autres, ce qui concerne les mondes et les terres hors de la sphère de notre monde solaire; c'est pour cela que j'eus avec eux une conversation sur ce sujet. Ils me dirent que dans l'univers il y a plusieurs terres, et qu'elles sont habitées par des hommes; qu'ils étoient étonnés que quelques uns qu'ils traitoient d'hommes de peu de jugement, crussent que le ciel d'un Dieu tout-puissant fût seulement composé des esprits et des anges qui viennent d'une seule terre, tandis qu'ils sont en si petit nombre que, par rapport à la toute-puissance de Dieu, ils comptent à peine pour quelque chose, quand il y auroit des millions de mondes et des millions de terres. Ils me dirent de plus, qu'ils savoient que dans l'univers il y a plus que des centaines de mille de terres; et cependant, ajoutoient-ils, qu'est-ce que ce nombre auprès de la Divinité, qui est infinie?

27. Des esprits de Mercure étant avec moi lorsque j'écrivois et expliquois la Parole, quant à son sens interne, et, percevant ce que j'écrivois, me dirent que ce que j'écrivois étoit d'un style fort grossier, et que presque toutes les expressions leur en paroissoient comme matérielles. Mais il me fut donné de leur répondre que les hommes de notre terre voient néanmoins les choses que j'ai écrites comme subtiles et élevées, et qu'il y en a beaucoup qu'ils ne comprennent pas. J'ajoutai que la plupart des hommes sur cette terre ne savoient pas que c'est l'homme interne qui agit sur l'homme externe, et fait qu'il vit; et qui se persuadent, d'après les illusions des sens, que la vie est au corps; que c'est par cette raison que ceux qui sont méchans et

infidèles mettent en doute la vie après la mort ; qu'ils appellent non pas esprit, mais âme, ce qui vivra de l'homme après la mort du corps, et qu'ils disputent sur ce que c'est que l'âme, et où est son siége ; qu'ils croient que le corps matériel, quoique devenu le jouet des vents, doit une seconde fois être réuni à cette âme pour que l'homme vive homme ; outre plusieurs choses semblables. Quand les esprits de Mercure eurent entendu tout cela, ils me demandèrent si de tels hommes pouvoient devenir des anges, et il me fut donné de répondre que ceux qui ont vécu dans le bien de la foi et de la charité, et qui ne sont plus dans les choses externes et les matérielles, mais dans les internes et les spirituelles, deviennent anges, et que, quand ils sont parvenus à cet état, ils sont dans une lumière au-dessus de celle dans laquelle sont les esprits de Mercure. Pour leur faire savoir qu'il en étoit ainsi, il fut permis qu'un ange, qui de notre terre étoit venu dans le ciel, parce qu'il étoit tel quand il vivoit dans le monde, conversât avec eux : j'en parlerai ci-après.

28. Ensuite il me fut envoyé par les esprits de Mercure une feuille de papier longue et inégale, formée de plusieurs feuilles collées ensemble, et qui paroissoit comme imprimée en caractère tels que ceux de notre terre. Je leur demandai s'ils avoient de telles choses chez eux ; ils me répondirent qu'ils n'en avoient pas ; mais qu'ils savoient qu'il y avoit de ces papiers sur notre terre. Ils ne voulurent pas s'expliquer davantage ; mais je perçus qu'ils pensoient que sur notre terre les connoissances étoient sur le papier, et n'étoient pas dans l'homme ; ainsi ils donnoient à entendre, par leur persiflage, que le papier chez nous sait pour ainsi dire ce que ne sait pas l'homme ; mais je les instruisis comment cela se faisoit. Quelque temps après ils revinrent et m'envoyèrent un autre papier qui étoit aussi comme couvert de caractères, mais qui n'étoit pas de même collé et irrégulier ; au contraire, il étoit net et en ordre. Ils me dirent qu'ils avoient été informés ultérieurement que sur notre terre il y a de tels papiers, et qu'on en fait des livres.

29. Par tout ce que j'ai dit jusqu'à présent, il est évident que les esprits retiennent par la mémoire ce qu'ils voient et entendent dans l'autre vie ; et qu'ils peuvent être instruits comme ils l'étoient quand ils étoient hommes dans le monde, par conséquent dans les choses qui concernent la foi, et ainsi

se perfectionner. Plus les esprits et les anges sont intérieurs, plus tôt et plus pleinement ils comprennent, et plus parfaitement aussi ils retiennent ; et, comme cela continue éternellement, il est clair que la sagesse continuellement croît en eux. Chez les esprits de Mercure, la science des choses croît continuellement, mais non la sagesse qui en vient ; parce qu'ils aiment les connoissances qui sont les moyens, et non les usages qui sont les fins.

30. On peut connoître encore par ce qui suit · ¹ est le génie des esprits qui sont de la planète de Mercure. Il faut savoir que tous les esprits ou les anges, en quelque nombre qu'ils soient, ont été des hommes; car le genre humain est la pépinière du ciel; et que les esprits sont, quant aux affections et aux inclinations, tels qu'ils ont été quand ils ont vécu hommes dans le monde; en effet, chacun est suivi par sa vie (n). Comme il en est ainsi, le génie des hommes de chaque terre peut être connu par le génie des esprits qui en sont sortis.

31. Comme les esprits de Mercure représentent dans le Très Grand Homme la mémoire des choses abstraites des objets du matériel ; par cette raison, quand quelqu'un parle avec eux des choses terrestres, corporelles et purement mondaines, ils ne veulent point absolument en entendre parler ; et, s'ils y sont contraints, ils changent ces sujets en d'autres, et la plupart ordinairement en sujets contraires, pour éviter la conversation.

32. Afin que je fusse certain que tel est leur génie, il me fut permis de leur représenter des prairies, des champs, des jardins, des forêts, des fleuves ; (représenter de tels objets, c'est mettre, par l'énergie de l'imagination, devant la vue des autres, les mêmes choses qui paroissent dans l'autre vie); mais aussitôt ils les transmuoient, ils obscurcissoient les prairies et les champs, et, par des représentations, ils les remplissoient de serpens; ils noircissoient les fleuves, pour que l'eau n'en parût point limpide. Je leur demandai pourquoi ils agissoient ainsi : ils me répondirent qu'ils ne vouloient point penser à de telles choses, mais à des choses réelles qui sont les connois-

---

(n) La vie de chacun lui demeure et le suit après la mort, nᵒˢ 4227. 7440. Les externes de la vie sont tenus fermés après la mort, et les internes de la vie s'ouvrent, nᵒˢ 4314. 5128. 6495. Alors tout ce qui appartient, en général et en particulier, à la pensée se manifeste, nᵒˢ 4633. 5128.

sances des choses abstraites de ce qui est terrestre, surtout à celles qui existent dans les cieux.

33. Ensuite je leur représentai de grands et de petits oiseaux, tels qu'ils sont sur notre terre ; car, dans l'autre vie, tous les oiseaux peuvent être représentés comme s'ils existoient réellement. Quand ils virent ces oiseaux représentés, d'abord ils vouloient les changer ; mais ensuite ils prirent plaisir à les voir, et ils restèrent tranquilles ; c'est parce que les oiseaux signifient les connoissances des choses, et que la perception de cette correspondance influoit alors en eux (o) ; ainsi ils renoncèrent au désir de les transmuer, et de détourner les idées de leur mémoire. Ensuite il me fut permis de représenter devant eux le jardin le plus riant, rempli de lampes et de flambeaux ; alors ils s'arrêtèrent et se retirent, parce que les lampes avec les flambeaux signifient les vérités qui brillent par le bien (p) De là il étoit évident qu'ils pouvoient être retenus à considérer des objets matériels, pourvu qu'en même temps leur signification dans le sens spirituel y fût insinuée ; car les choses qui appartiennent au sens spirituel, ne sont pas ainsi abstraites des choses matérielles, parce qu'elles en sont les représentatifs.

34. Je leur parlai aussi de brebis et d'agneaux ; mais ils ne voulurent rien en entendre, parce qu'ils les perçurent comme des objets terrestres : c'étoit parce qu'ils ne comprenoient pas ce que c'est que l'innocence signifiée par les agneaux. Je m'en aperçus en ce que quand je dis que les agneaux représentés dans le ciel signifient l'innocence (q), ils me répondirent qu'ils ne savoient pas ce que c'étoit que l'innocence, et qu'ils n'en connoissoient que le nom. La raison en est qu'ils sont seulement affectés des connoissances, et non des usages, qui sont les fins des connoissances, conséquemment ils ne peuvent savoir, par leur perception interne, ce que c'est que l'innocence.

35. Quelques uns des esprits de la terre de Mercure vinrent

(o) Les oiseaux signifient les choses rationnelles et intellectuelles, les pensées, les idées, les connoissances, n°s 40. 745. 776. 778. 866. 988. 993. 5149. 7441 ; et cela avec variété, selon les genres et les espèces d'oiseaux, n° 3219.

(p) Les lampes avec les flambeaux signifient les vérités qui brillent d'après le bien, n°s 4638. 9448. 9783.

(q) Dans le ciel et dans la Parole, les agneaux signifient l'innocence, n°s 3994. 7840. 10132.

à moi, envoyés par les autres pour entendre ce qui se passoit chez moi. Un des esprits de notre terre leur dit de recommander à leurs compagnons de ne dire que le vrai, et de ne pas objecter, comme ils ont coutume de le faire à ceux qui les interrogeoient, des choses opposées ; parce que si quelqu'un des esprits de notre terre en agissoit ainsi, il seroit puni. Mais alors sa cohorte qui étoit éloignée, et par qui ces esprits avoient été envoyés, répondit que s'ils étoient punis pour cela, tous seroient punis, parce que, d'après un usage continuel, ils ne pouvoient pas faire autrement : que quand ils parloient avec des hommes de leur terre, ils agissoient ainsi, non pas dans l'intention de les tromper, mais pour leur inspirer le désir de savoir ; parce que quand ils objectent des choses opposées, et qu'ils cachent les choses d'une certaine manière, le désir de les savoir est excité ; et ainsi, par le désir de les examiner, la mémoire se perfectionne. Une autre fois je conversai aussi avec eux sur ce même sujet ; et comme je savois qu'ils parloient avec les hommes de leur terre, je leur demandai comment ils en instruisoient les habitans. Ils me répondirent qu'ils ne les instruisoient pas de quelle manière est la chose ; mais que néanmoins ils insinuoient un commencement de perception de la chose, afin que le désir d'examiner et de savoir fût nourri et s'accrût ; parce que, s'ils répondoient à tout, le désir périroit. Ils ajoutèrent qu'ils objectoient aussi des choses opposées, afin qu'ensuite la vérité parût mieux ; car toute vérité paroît par ses opposés.

36. Ils sont dans l'usage de ne dire à qui que ce soit ce qu'ils savent, et cependant de vouloir savoir de tous les autres ce qu'ils savent ; mais ils se communiquent tout dans leur société, jusqu'au point que ce qu'un d'eux sait, tous les autres le savent, et ce que tous savent, chacun d'eux le sait. (*Voyez* la note *l*.).

37. Comme les esprits de Mercure sont remplis de connoissances, ils sont dans une certaine espèce d'orgueil ; de là ils croient qu'ils savent tant de choses, qu'on pourroit à peine en savoir davantage. Mais il leur fut dit par des esprits de notre terre qu'ils ne savoient pas beaucoup de choses ; et que les choses qu'ils ne savoient pas étoient infinies par rapport à celles qu'ils savoient ; que celles qu'ils ne savoient pas étoient auprès de celles qu'ils savoient, comme les eaux du plus grand océan

auprès des eaux d'une petite fontaine ; et que le premier pas
qui conduit à la sagesse est de savoir, de connoître et de percevoir que ce qu'on sait est à peine quelque chose en comparaison de ce qu'on ne sait pas. Pour qu'ils fussent certains
qu'on leur disoit la vérité, il fut permis à un esprit angélique
de converser avec eux, de leur dire en général ce qu'ils savoient
et ce qu'ils ne savoient pas ; que les choses qu'ils ne savoient
pas étoient infinies, et que quand ils pourroient apprendre
éternellement, ils ne sauroient pas même encore ce que les
choses ont de commun entre elles. Cet ange parloit d'après des
idées angéliques, beaucoup plus promptement qu'eux ; et
comme il découvroit ce qu'ils savoient et ce qu'ils ne savoient
pas, ils furent tout stupéfaits. Ensuite je vis un autre ange
conversant avec eux ; il apparut à une certaine hauteur vers
la droite ; il étoit de notre terre. Il leur fit l'énumération d'une
infinité de choses qu'ils ignoroient, et ensuite il conversa avec
eux par des changemens d'état qu'ils disoient ne pas comprendre.
Alors il leur apprit que chaque changement d'état contient une
infinité de choses, et aussi la moindre partie de chacune de
toutes ces choses. Quand ils eurent entendu cela, comme ils
avoient été dans l'orgueil à cause de leurs connoissances, ils
commencèrent à s'humilier. L'humiliation étoit représentée par
l'abaissement de leur masse (car cette cohorte paroissoit alors
comme une masse, en avant vers la gauche, à une certaine distance, sur le plan de la région au-dessous du nombril); mais
la masse paroissoit creusée au milieu et élevée sur les côtés : on
y remarquoit aussi un mouvement réciproque ; il leur fut dit
ce que cela signifioit, c'est-à-dire ce qu'ils pensoient dans leur
humiliation ; et que ceux qui paroissoient élevés sur les côtés
n'étoient encore dans aucune humiliation. Je vis que la masse
fut séparée, et que ceux qui n'étoient pas dans l'humiliation
furent relégués vers leur globe ; les autres restèrent.

38. Les esprits de Mercure vinrent un jour vers un certain
esprit de notre terre, qui, lorsqu'il a vécu dans le monde, a
été très fameux par sa science ; c'étoit Christian Wolff. Ils
désiroient d'être informés par lui de différentes choses ; mais
quand ils aperçurent que ce qu'il disoit n'étoit pas élevé au-
dessus des sens de l'homme naturel, parce qu'en parlant il
pensoit à l'honneur, et qu'il vouloit, comme dans le monde
(car chaque esprit est semblable à ce qu'il a été dans l'autre

vie), lier différentes choses en séries, tirer de là sans cesse de nouvelles conclusions, et former ainsi un enchaînement de plusieurs choses, que ces esprits ne voyoient ou ne reconnoissoient pas pour vraies ; ils lui dirent que les anneaux de ces chaînes ne se tenoient point entre eux, ni avec les conclusions, et ils les appeloient l'obscur de l'autorité ; ils cessèrent alors de l'interroger, lui demandant seulement : *Comment ceci se nommoit ? Comment cela ?* Et comme à ces questions il répondoit encore par des idées matérielles, non par aucune qui fût spirituelle, ils s'éloignèrent de lui ; car chacun dans l'autre vie parle spirituellement, ou d'après des idées spirituelles, autant qu'il a cru en Dieu dans le monde, et matériellement autant qu'il n'y a pas cru. Puisque j'en ai l'occasion ici, il m'est permis de raconter comment sont dans l'autre vie les savans qui puisent l'intelligence dans leur propre méditation embrasée de l'amour de savoir les vérités, parce qu'elles sont vérités, ainsi pour les usages abstraits des choses mondaines ; et comment sont ceux d'entre eux, qui, sans leur propre méditation, tirent des autres leur intelligence, comme font ordinairement ceux qui désirent savoir les vérités, uniquement pour acquérir une réputation d'érudition, et par là de l'honneur et du gain dans le monde, et non à cause des usages abstraits des choses mondaines. Je puis insérer ici une expérience à ce sujet. J'entendis un certain bruit qui sembloit monter depuis le bas et le long de mon côté gauche jusqu'à l'oreille gauche ; je remarquai que c'étoit des esprits qui faisoient des efforts pour parler ; mais je ne pouvois savoir qui ils étoient. Lorsqu'ils se furent ainsi efforcés, ils me parlèrent et me dirent qu'ils avoient été des logiciens et des métaphysiciens ; qu'ils avoient plongé *toutes leurs* pensées dans l'étude de ces sciences, ne se proposant d'autre fin que d'avoir la réputation de savans, et ainsi de parvenir aux honneurs et aux richesses, et ils se lamentoient de ce qu'à présent ils menoient une vie misérable, parce qu'ils avoient épuisé ces connoissances sans autre fin, et qu'ils n'avoient pas cultivé par ce moyen leur raison : leur langage étoit traînant et sourd. Pendant ce temps-là deux esprits parloient au-dessus de ma tête ; et, ayant demandé qui ils étoient, il me fut dit que l'un d'eux avoit été très célèbre dans le monde savant, et il me fut donné de croire que c'étoit Aristote. Il ne me fut point dit qui étoit l'autre. Alors celui-là fut envoyé dans l'état où il

étoit quand il vécut dans le monde ; car chacun peut être envoyé facilement dans l'état de sa vie qu'il a eu dans le monde,
parce qu'il a tout l'état de sa vie avec lui. Ce qui m'étonna,
c'est qu'il s'appliquoit à mon oreille droite, et il y parloit,
mais d'un ton de voix rauque, quoique avec beaucoup de raison. J'ai perçu par le son de son langage que cet esprit étoit
d'un tout autre génie que ces scolastiques qui étoient montés
d'abord, parce qu'il avoit puisé dans sa pensée tout ce qu'il
avoit écrit, et avoit ensuite mis au jour ses principes philosophiques, en sorte que les termes qu'il avoit inventés et qu'il
avoit imposés aux objets de la pensée, étoient les formules de
paroles par lesquelles il décrivoit les intérieurs ; qu'il y étoit
excité par le plaisir de l'affection et le désir de savoir tout ce
qui concerne la pensée et l'entendement, et qu'il avoit suivi
avec obéissance ce que son esprit lui avoit dicté. C'est pourquoi il s'appliquoit à l'oreille droite, agissant autrement que
ses sectateurs qui sont appelés scolastiques, et qui ne vont
pas de la pensée aux termes, mais des termes aux pensées,
ainsi qui vont par une route contraire, et dont la plupart ne
vont pas même aux pensées, mais s'arrêtent seulement aux
termes ; et s'ils les appliquent, c'est pour confirmer tout ce
qu'ils veulent, et pour imposer aux faussetés l'apparence du
vrai selon leur désir de persuader ; de là les principes philosophiques sont pour eux plutôt des moyens d'arriver à la folie,
que des moyens de parvenir à la sagesse ; de là aussi ils sont
dans les ténèbres au lieu d'être dans la lumière. Ensuite je
lui parlai de la science analytique, et je lui dis qu'un enfant en
une demi-heure parle plus philosophiquement, analytiquement
et logiquement, qu'il n'auroit pu le décrire dans un volume ;
parce que tout ce qui dépend de la pensée, et ensuite de la
parole humaine, appartient à l'analyse, dont les loix dérivent
du monde spirituel ; que celui qui veut penser artificiellement
d'après les termes, ressemble assez à un danseur qui voudroit
apprendre à danser d'après la science des fibres motrices et des
muscles, parce que si son esprit s'y attachoit quand il danse,
à peine pourroit-il remuer un pied ; et cependant, sans cette
science, il met en mouvement toutes les fibres motrices éparses
dans tout son corps, et particulièrement les poumons, le dia-
phragme, les côtes, les bras, le cou et toutes les autres parties,
à la description desquelles des volumes ne suffiroient pas, et

qu'il en est de même de ceux qui veulent penser d'après les termes. Il en tomba d'accord, et dit que si l'on apprenoit à penser par ce moyen, on procéderoit contre l'ordre; ajoutant que celui qui voudroit être fou, n'auroit qu'à procéder ainsi, mais qu'il doit penser sans cesse à l'usage, et par l'intérieur. Ensuite il me fit voir quelle idée il avoit du Dieu suprême; il se l'étoit représenté avec une face humaine, ayant la tête ceinte d'un cercle radieux. Il dit qu'il savoit à présent que le Seigneur est cet homme lui-même; que le cercle radieux est le Divin procédant de lui, et qui influe non seulement dans le ciel, mais même dans l'univers; qu'il les dispose et les gouverne; ajoutant que celui qui dispose et gouverne le ciel, dispose aussi et gouverne l'univers, parce que l'un ne peut être séparé de l'autre. Il dit aussi qu'il avoit cru à un seul Dieu, dont on a désigné les attributs et les qualités par autant de noms que les autres ont adoré de dieux. Je vis alors une femme qui tendoit la main, voulant lui flatter la joue. Comme j'en étois étonné, il me dit que quand il étoit dans le monde, il lui apparoissoit souvent une femme qui sembloit lui caresser la joue, et qu'elle avoit une belle main. Les esprits angéliques me dirent que de telles femmes ont quelquefois apparu aux anciens, et qu'elles ont été nommées par eux des Pallas, et que celle qui venoit de lui apparoître étoit du nombre des esprits qui, ayant vécu hommes dans les anciens temps, avoient fait leurs délices des idées et leurs plaisirs des pensées, mais sans philosophie; et que, comme ces esprits avoient été chez lui, et avoient trouvé du plaisir à être avec lui, parce qu'il avoit pensé d'après l'intérieur, ils se présentoient à lui sous la forme d'une telle femme. Enfin il me déclara quelle idée il avoit eue de l'âme ou de l'esprit de l'homme, qu'il appeloit *souffle*; savoir, que c'étoit quelque chose de vital invisible, comme de l'éther : il dit de plus qu'il avoit su que son esprit vivroit après la mort, puisqu'il étoit une essence intérieure qui ne peut mourir, étant capable de penser; mais qu'il n'avoit pu cependant s'en former qu'une idée obscure, parce qu'il n'en avoit jamais eu d'autre connoissance que par lui-même, et un peu aussi par les anciens. Au reste, Aristote est, dans l'autre vie, parmi les esprits sains, et plusieurs de ses sectateurs sont parmi les fous.

39. Un jour je vis que des esprits de notre terre étoient avec des esprits de la terre de Mercure, et j'entendis leur conversa-

tion. Ceux de notre terre leur demandoient alors , entre autres
choses, en qui ils croyoient : ils répondirent qu'ils croyoient
en Dieu ; mais, interrogés en quel Dieu ils croyoient , ils ne
voulurent rien dire , parce qu'ils ont coutume de ne point répondre directement aux questions qu'on leur adresse. Alors
les esprits de la terre de Mercure demandèrent à leur tour aux
esprits de notre terre en qui ils croyoient : ceux-ci répondirent
qu'ils croyoient au Seigneur Dieu. Les esprits de Mercure
dirent qu'ils percevoient qu'ils ne croyoient en aucun Dieu ;
qu'ils disoient, par habitude , qu'ils croient, et cependant
qu'ils ne croient pas. (Les esprits de Mercure ont la perception exquise , parce qu'ils examinent continuellement, par le
moyen de cette perception , ce que les autres savent.) Les
esprits de notre terre étoient du nombre de ceux qui dans le
monde ont confessé la foi d'après la doctrine de l'Eglise , mais
qui n'ont pas mené la vie de cette foi : or , ceux qui dans le
monde n'ont pas mené la vie de la foi , dans l'autre vie n'ont
point de foi, parce qu'elle n'est pas dans l'homme (r). Ayant
entendu les esprits de Mercure parler ainsi , ils gardèrent le
silence , parce que, par la perception qui leur fut alors donnée ,
ils reconnurent qu'il en étoit ainsi.

40. Quelques esprits savoient du ciel qu'un jour il avoit été
promis aux esprits de la terre de Mercure qu'ils verroient le
Seigneur. C'est pourquoi il leur fut demandé , par les esprits
qui étoient autour de moi , s'ils se souvenoient de cette promesse. Ils répondirent qu'ils s'en souvenoient ; mais qu'ils
ne savoient pas si cette promesse leur avoit été faite comme
d'une chose sur laquelle il ne pouvoit y avoir aucun doute.
Pendant qu'ils parloient ainsi entre eux, le soleil du ciel leur
apparut. (Il n'y a que ceux qui sont dans l'intime ou troisième
ciel qui voient le soleil du ciel qui est le Seigneur ; les autres
ne voient que la lumière qui en procède.) A la vue de ce soleil ,
les esprits de Mercure dirent que ce n'étoit pas le Seigneur Dieu ,
parce qu'ils n'en voyoient pas la face. Pendant ce temps , les
esprits parloient entre eux ; mais je n'entendis point ce qu'ils se

---

(r) Il n'y a aucune foi chez ceux qui confessent la foi d'après la doctrine,
et qui ne vivent pas de la vie de la foi , nos 3865. 7766. 7778. 7790. 7950.
8094 ; et leurs intérieurs sont contr° les vérités de la foi, quoiqu'ils ne le
sachent pas tant qu'ils sont dans le monde , nos 7790. 7950.

disoient. Tout à coup le soleil apparut une seconde fois, et dans son milieu, le Seigneur environné d'un cercle solaire. A, cette vue, les esprits de Mercure s'humilièrent profondément et se prosternèrent. En ce moment, le Seigneur fut vu aussi dans ce soleil par les esprits de notre terre, qui l'avoient vu lui-même dans le monde, quand ils y étoient hommes; et tous l'un après l'autre, et ainsi plusieurs, par ordre, confessèrent que c'étoit le Seigneur lui-même; et ils confessèrent cela devant toute l'assemblée. Alors le Seigneur fut vu aussi dans ce soleil, par les esprits de la planète de Jupiter, qui, d'une voix distincte, disoient que c'étoit le Seigneur lui-même qu'ils avoient vu sur leur terre, quand le Dieu de l'univers leur avoit apparu. (*s*)

41. Quelques uns, après que le Seigneur eût été vu, furent conduits vers les parties antérieures, sur la droite; et, en y allant, ils disoient qu'ils voyoient une lumière bien plus claire et plus pure qu'aucune qu'ils eussent vu auparavant, et qu'il n'étoit pas possible de voir une plus grande lumière. Il étoit alors le temps du soir; ceux qui dirent cela étoient en grand nombre. (*t*)

42. Il faut savoir que le soleil du monde n'apparoît à aucun esprit, non plus que rien de sa lumière : la lumière de ce soleil est pour les esprits et pour les anges comme une obscurité épaisse. Ce soleil demeure seulement en perception chez les es-

---

(*s*) Le Seigneur est le soleil du ciel; toute lumière dans le ciel procède de ce soleil, n⁰ˢ 1053. 3636. 4060. Le Seigneur apparoît ainsi à ceux qui sont dans son royaume céleste, où règne l'amour pour le Seigneur, n⁰ˢ 1521. 1529 à 1531. 1837. 4696. Il apparoît à une moyenne hauteur au-dessus du niveau de l'œil droit, n⁰ˢ 4321. 7078. C'est pour cela que dans la Parole par le soleil est signifié le Seigneur quant au divin amour, n⁰ˢ 2495. 4060. 7083. Le soleil du monde n'apparoît point aux esprits ni aux anges; mais à sa place il apparoît quelque chose de ténébreux par derrière, à l'opposite du soleil du ciel ou du Seigneur, n⁰ 9755.

(*t*) Dans les cieux il y a une grande lumière qui surpasse d'un grand nombre de degrés la lumière de midi sur la terre, n⁰ˢ 1117. 1521. 1533. 1619 à 1632. 4527. 5400. 8644. Toute lumière dans les cieux vient du Seigneur, comme soleil dans les cieux, n⁰ˢ 1053. 1521. 3195. 3341. 3636. 3643. 4415. 9548. 9684. 10809 Le divin vrai procédant du divin bien du divin amour du Seigneur paroit dans les cieux comme une lumière, et y montre toute lumière, n⁰ˢ 3195. 3222. 5400. 8644. 9399. 9548. 9684. La lumière du ciel éclaire et la vue et l'entendement des anges, n⁰ˢ 2776. 3138. Dire que le ciel est dans la lumière et dans la chaleur, c'est dire qu'il est dans la sagesse et dans l'amour, n⁰ˢ 3643. 9399. 9401.

prits, parce qu'ils l'ont vu quand ils étoient dans le monde ;
et il se représente en idée devant eux comme quelque chose
d'opaque, et cela par derrière, à une distance considérable, à
une hauteur un peu au-dessus du niveau de la tête. Les planètes qui sont dans le monde de ce soleil, paroissent selon une
certaine situation, par rapport au soleil : Mercure, par derrière, un peu vers la droite ; la planète de Vénus à gauche,
un peu par derrière ; la planète de Mars à gauche, par-devant ; la planète de Jupiter semblablement à gauche, par-devant, mais à une plus grande distance ; la planète de Saturne
entièrement en devant, à une prodigieuse distance ; la Lune à
gauche, assez haut ; les satellites aussi à gauche, chacun par
rapport à leur planète. Telle est la situation de ces planètes
dans les idées des esprits et des anges ; et les esprits paroissent
aussi, chacun autour et hors de leurs planètes. Quant à ce
qui concerne spécialement les esprits de Mercure, ils ne paroissent point à une certaine région, ni à une certaine distance,
mais ils paroissent tantôt en avant, tantôt sur la gauche, et
tantôt un peu en arrière ; parce qu'il leur est permis de par-
courir l'univers pour acquérir des connoissances.

43. Un jour les esprits de Mercure m'apparurent à gauche,
en globe, et ensuite en masse volumineuse, s'étendant en longueur. J'étois surpris, ne sachant où ils vouloient aller, si
c'étoit à cette terre, ou ailleurs, et je remarquois aussitôt qu'ils
se replioient sur la droite, et que se développant, ils approchoient de la terre ou planète de Vénus, vers sa région antérieure. Mais, quand ils arrivèrent, ils dirent qu'ils ne vouloient
pas y rester, parce que ceux qui y demeuroient étoient méchans :
c'est pourquoi ils se replièrent vers la partie postérieure de
cette terre, et alors ils dirent qu'ils vouloient y rester, parce
que ceux qui l'habitoient étoient bons. Pendant que cela avoit
lieu, je sentois dans le cerveau un changement insigne et une
forte opération. D'où je pus conclure que les esprits de Vénus
qui sont de cette partie de sa planète, concordoient avec les
esprits de Mercure, et qu'ils représentent la mémoire de
choses immatérielles, concordante avec la mémoire des choses
immatérielles représentées par les esprits de Mercure. De là
cette forte opération qui se fit sentir par eux dans mon cerveau, lorsqu'ils étoient là réunis.

44. Je désirois savoir quel est le visage et le corps des hommes

de la terre de Mercure, et s'ils sont semblables aux hommes de notre terre. Alors il se présenta devant mes yeux une femme entièrement semblable à celles de notre terre : elle avoit un beau visage, mais un peu plus petit que celui des femmes de notre terre; son corps étoit plus mince, mais de la même grandeur : elle avoit la tête couverte d'un voile posé sans art, mais pourtant avec décence. Il se présenta aussi un homme dont le corps étoit plus mince que celui des hommes de notre terre : il avoit un vêtement bleu-foncé pris juste à sa taille, sans plis ni saillie tout autour. Il me fut dit que tels étoient les hommes de cette terre, quant au visage, à la taille et au vêtement. Je vis ensuite leurs bœufs et leurs vaches, qui ne différoient pas beaucoup de ceux de notre terre, excepté qu'ils étoient plus petits, et ressembloient en quelque manière à nos cerfs et à nos biches.

45. J'interrogeai aussi ces esprits sur le soleil du monde, pour savoir comment il leur paroissoit, étant vu de leur terre. Ils me répondirent qu'il est grand, et qu'il leur paroît plus grand qu'on ne le voit des autres terres. Ils dirent qu'ils savoient cela d'après l'idée des autres esprits sur le soleil. Ils ajoutèrent que la température y étoit moyenne, ni chaude ni froide. Il me fut alors donné de leur dire qu'il avoit été ainsi pourvu par le Seigneur pour eux, à ce qu'ils n'eussent pas une trop forte chaleur, parce que leur terre étoit plus près du soleil que les autres terres; puisque la chaleur ne vient point de la proximité du soleil, mais de la hauteur et de la densité de l'atmosphère aérienne : ce qui est évident par le froid qu'on éprouve sur les plus hautes montagnes, même dans les climats chauds; et que la chaleur varie aussi selon l'incidence droite ou oblique des rayons du soleil, comme on en a la preuve par les saisons d'hiver et d'été, dans chaque région. Voilà ce qu'il m'a été donné de savoir sur les esprits et les habitans de la terre de Mercure.

DE LA TERRE OU PLANÈTE DE JUPITER, DE SES ESPRITS ET DE SES HABITANS.

46. Il m'a été accordé d'avoir un commerce plus long avec les esprits et les anges de la planète de Jupiter, qu'avec les esprits et les anges de toutes les autres planètes : c'est pourquoi il

m'est permis d'entrer dans de plus grands détails sur l'état de leur vie et de celle des habitans. Que ces esprits étoient de cette planète, c'est ce qui m'a été souvent rendu évident, et m'a aussi été dit du ciel.

47. La terre ou planète de Jupiter n'apparoît point aux esprits et aux anges; car aucune terre n'apparoît aux esprits de celle-ci, mais seulement les esprits et les anges qui sont de cette terre. Ceux qui sont de la planète de Jupiter apparoissent par devant à gauche, à une certaine distance, et cela constamment, voyez n° 42; et la planète y est aussi. Les esprits de chaque terre sont auprès de leur terre, parce qu'ils en ont été habitans (car tout homme après la mort devient esprit); parce qu'ils sont ainsi d'un génie semblable, et qu'ils peuvent être près des habitans, et les servir.

48. Ils m'ont dit que, dans la région de la terre où ils ont vécu dans le monde, le nombre des hommes y est aussi grand que la terre en peut nourrir; que cette terre est fertile et abonde en tout; qu'ils n'y désirent rien au-delà des nécessités de la vie, et ne font aucun cas de ce qui n'est pas nécessaire ou utile; et que de là vient que la population y est si grande; que l'objet de leur plus grand soin est l'éducation de leurs enfans, qu'ils aiment tendrement.

49. Ils m'ont dit encore que les habitans sont distingués par races, par familles et par maisons, et que tous habitent séparément avec les leurs; que de là il n'y a de fréquentation qu'entre les parens et les alliés; qu'aucun d'eux ne désire jamais les biens d'autrui; qu'il ne vient pas même dans l'esprit de désirer les biens appartenant à autrui, encore moins de se les approprier par quelque artifice, et bien moins encore de les envahir et de les enlever: ils regardent cela comme un crime contre la nature humaine, et comme une chose horrible. Lorsque je voulus leur dire que sur notre terre il y a des guerres, des pillages et des assassinats, ils se détournèrent et refusèrent de m'écouter. Il m'a été dit par les anges que les premiers hommes de notre terre, ou les très anciens y ont habité de la même manière, c'est-à-dire qu'ils étoient distingués par races, par familles et par maisons; que tous étoient alors contens de leurs biens; qu'on n'avoit su ce que c'étoit que de s'enrichir du bien d'autrui, non plus que de dominer par l'amour de soi-même; que c'est pour cette

raison que les anciens temps, et surtout les très anciens avoient
été plus agréables au Seigneur que les temps qui leur succé-
dèrent; et que, comme tel a été leur état, l'innocence régnoit
aussi alors, et avec elle la sagesse; qu'alors chacun faisoit le
bien par le bien, et le juste par le juste; qu'on ignoroit ce que
c'étoit que faire le bien et le juste pour l'honneur de soi ou
pour le gain; qu'alors on ne disoit que le vrai; et cela, non
pas plus par le vrai que par le bien, c'est-à-dire que ce n'étoit
pas par l'entendement séparé, mais par la volonté conjointe à
l'entendement. Tels furent les temps anciens sur notre terre:
c'est pourquoi les anges pouvoient alors converser avec les
hommes, et enlever dans le ciel leurs âmes presque séparées des
choses corporelles, et même les conduire par tout le ciel, leur
en montrer les magnificences et les béatitudes; et aussi leur
communiquer leurs félicités et leurs plaisirs. Ces temps ont
aussi été connus des anciens auteurs, et appelés par eux âge
d'or, ainsi que règne de Saturne. La raison pour laquelle ces
temps étoient tels, c'est que les hommes, comme il a été dit,
vivoient distingués en races, les races en familles, les familles
en maisons, et que chaque maison habitoit séparément; qu'alors
il ne venoit dans l'esprit de qui que ce fût de s'emparer de
l'héritage d'autrui, et, par là, d'acquérir des richesses et la
domination: alors l'amour de soi et l'amour du monde étoient
bien éloignés des hommes; chacun étoit joyeux à la vue du
bien qu'il avoit, et il ne l'étoit pas moins à la vue du bien
qu'avoit un autre. Mais cette scène changea et devint le contraire de ce qu'elle étoit, par la succession des temps, quand
la passion de dominer et de posséder beaucoup s'empara du
cœur des hommes; alors le genre humain, pour se défendre,
se réunit en royaumes et en empires; et comme les lois de la
charité et de la conscience, qui étoient gravées dans les cœurs,
avoient cessé de se faire entendre, il fallut de nécessité, pour
arrêter les violences, établir des lois qui décernoient pour récompenses les honneurs et les gains, et pour peines la privation de ces mêmes récompenses. L'état étant ainsi changé, le
ciel s'éloigna de l'homme; et cela de plus en plus, jusqu'à nos
siècles, où l'on ne sait plus s'il y a un ciel et s'il y a un enfer;
jusque-là même que l'existence de l'un et de l'autre est niée
par quelques-uns. Ce qui vient d'être dit est afin que l'on voie
plus clairement par ce parallèle quel est l'état de ceux qui sont

sur la terre de Jupiter, et d'où leur vient leur probité, ainsi que leur sagesse, sur lesquelles je m'étendrai davantage ci-après.

50. Par les longues conversations que j'ai eues avec les esprits de la terre de Jupiter, il m'a été démontré qu'ils ont plus de probité que les esprits de plusieurs autres terres. Leur approche, quand ils venoient, leur séjour et leur influx alors étoient si doux et si suaves, qu'il est impossible de l'exprimer. La qualité de chaque esprit se manifeste dans l'autre vie par l'influx, qui est la communication de son affection; sa probité, par la douceur et la suavité : par la douceur, par ce qu'il craint de nuire, et par la suavité, parce qu'il aime à faire le bien : j'ai pu distinguer très bien la douceur et la suavité de l'influx qui vient des bons esprits de notre terre, d'avec celles des esprits de Jupiter. Ils disoient que, quand il existe entre eux quelque léger différend, il paroît comme un foible rayon blanc, tel qu'on voit ordinairement celui d'un éclair, ou cette petite bande qui entoure les étoiles scintillantes et errantes; mais que ce différend est bientôt suivi d'un raccommodement. Les étoiles scintillantes et en même temps errantes, signifient le faux; mais les étoiles scintillantes et fixes signifient le vrai; ainsi les premières désignent le différend. (u)

51. J'ai pu connoître la présence des esprits de Jupiter, non seulement par la douceur et la suavité de leur approche et de leur influx, mais aussi parce qu'ils influoient beaucoup sur mon visage, et le rendoient gai et riant, et cela pendant tout le temps qu'ils étoient auprès de moi. Ils me disoient qu'ils disposent ainsi les visages des habitans de leur terre quand ils viennent à eux, voulant par là leur inspirer la tranquillité et le plaisir du cœur. Cette tranquillité et ce plaisir qui m'étoient inspiré par eux remplissoient sensiblement ma poitrine et mon cœur : j'en sentois alors éloigner les cupidités et les inquiétudes sur l'avenir, qui amènent ordinairement le trouble et le mal-aise, et qui portent l'esprit à différens mouvemens. Par là, j'ai pu voir clairement quelle est la vie des habitans de la terre de Jupiter; car par les esprits on connoît le caractère des habi-

_____

(u) Dans la Parole les étoiles signifient les connoissances du bien et du vrai, ainsi les vérités, nos 2495. 2849. 4697. Et dans l'autre vie les vérités sont représentées par les étoiles fixes, et les faussetés, par les étoiles errantes, n°. 1128.

tans. En effet, chacun a avec soi sa vie qu'il emporte du monde, et il la conserve quand il devient esprit. J'ai remarqué qu'ils étoient dans un état de béatitude ou de félicité encore plus intérieure : j'ai fait cette remarque, parce que je me suis aperçu que leurs intérieurs n'étoient point fermés, mais ouverts vers le ciel. En effet, plus les intérieurs sont ouverts vers le ciel, plus ils sont susceptibles de recevoir le divin bien, et avec lui la béatitude et la félicité intérieure. Il en est tout autrement chez ceux qui ne vivent point dans l'ordre du ciel : chez eux les intérieurs sont fermés, et les extérieurs sont ouverts vers le monde.

52. Il m'a été aussi montré quel est le visage des habitans de la terre de Jupiter ; non que j'aie vu les habitans eux-mêmes, mais parce que les esprits ont un visage semblable à celui qu'ils avoient quand ils étoient sur leur terre ; mais, avant que cela me fût montré, un de leurs anges parut derrière une nuée blanche, et en donna la permission ; alors deux visages se montrèrent ; ils étoient comme ceux des hommes de notre terre, blancs et beaux ; un air de sincérité et de modestie brilloit sur ces deux visages. Quand les esprits de Jupiter étoient auprès de moi, le visage des hommes de notre terre me paroissoit plus petit que de coutume, et cela venoit de ce que de ces esprits il influoit une idée qu'ils avoient que leur visage étoit plus grand ; car ils croient quand ils vivent hommes sur leur terre, qu'après la mort leur visage sera plus grand et rond, quant à la forme ; et comme cette idée est imprimée en eux, elle y reste aussi ; et quand ils deviennent esprits, ils paroissent à eux-mêmes avoir un visage plus grand. Qu'ils croient que leur visage sera plus grand, c'est parce qu'ils disent que le visage n'est pas le corps ; la raison, c'est que par lui ils voient, entendent, parlent et rendent sensibles les pensées ; et, comme c'est ainsi par le visage que l'esprit paroît à découvert, c'est pour cela qu'ils ont du visage l'idée comme d'un esprit dans sa forme. Or, comme ils savent qu'ils seront plus sages après la vie de ce monde, ils croient que la forme de l'esprit ou le visage prend plus d'étendue. Ils croient aussi qu'après la mort ils recevront un feu qui échauffera leur visage. Ils tirent cette conjecture de ce que les plus sages d'entre eux savent que le feu, dans le sens spirituel, signifie l'amour ; que l'amour est le feu de la vie, et que c'est de ce feu que les

anges reçoivent la vie (*x*). Aussi ceux d'entre eux qui ont vécu dans un amour céleste, jouissent de ce qu'ils ont désiré, et sentent que leur visage est enflammé, et que les intérieurs de leur esprit sont alors embrasés d'amour. C'est par cette raison que les habitans de cette terre lavent aussi et nettoient soigneusement leur visage, et le garantissent avec beaucoup de précaution de l'ardeur du soleil. Ils ont une espèce de voile fait d'écorce d'arbre bleuâtre, dont ils s'entourent la tête et se couvrent le visage. Ils disoient du visage des hommes de notre terre, qu'ils voyoient par mes yeux (*y*), qu'il n'étoit pas beau, et que s'il a quelque beauté, elle étoit dans la peau qui n'est qu'externe, et non dans les fibres qui viennent de l'interne. Étonnés de ce que les visages de quelques uns étoient couverts de verrues et de pustules, ou avoient d'autres difformités, ils disoient que chez eux il ne paroît jamais de visages semblables. Cependant certains visages leur plaisoient; c'étoit ceux qui étoient gais et rians, et ceux qui étoient peu élevés autour des lèvres.

53. Les visages qui étoient un peu élevés autour des lèvres leur plaisoient, parce que leur langage se fait ordinairement par le visage, et surtout par sa partie qui est autour des lèvres, et encore parce qu'ils ne feignent jamais, c'est-à-dire qu'ils ne parlent pas autrement qu'ils ne pensent; c'est pour cela qu'ils ne contrefont point leur visage, mais le laissent se développer librement. Il en est autrement chez ceux qui, dès l'enfance, ont appris à feindre : leur visage est contraint à l'intérieur, de peur de laisser paroître la moindre chose de leur pensée; il ne se développe point non plus à l'extérieur, mais est tenu prêt à se montrer ou à se cacher, selon les suggestions de l'imposture. Par l'inspection des fibres des lèvres et de celles qui sont à l'entour, la vérité peut se manifester; car il s'y

---

(*x*) Dans la Parole, le feu est l'amour dans l'un et l'autre sens, n°s 934. 4906. 5215. Le feu sacré et le feu céleste, c'est le divin amour, et toute affection qui appartient à cet amour, n°s 934. 6314. 6832. Le feu infernal est l'amour de soi-même et du monde, et toute concupiscence qui appartient à ces amours, n°s 965. 1861. 5071. 6314. 6832. 7575. 10747. L'amour est le feu de la vie, et la vie elle-même en action en résulte, n°s 4906. 5071. 6032.

(*y*) Les esprits et les anges ne voient point les choses qui sont dans ce monde solaire; mais ils les ont vues par mes yeux, n°. 1881.

trouve un grand nombre de faisceaux de fibres compliqués et entrelassés, qui n'ont pas été créés seulement pour manger et pour parler, mais aussi pour exprimer les idées de l'âme.

54. Il m'a été aussi montré comment les pensées sont présentées par le visage : les affections qui appartiennent à l'amour sont manifestées par le visage et par ses changemens, et les pensées sont manifestées sur le visage par ses variations, quant aux formes des intérieurs : cette description ne sauroit être plus étendue. Les habitans de la terre de Jupiter ont aussi un langage vocal, mais il n'est pas aussi sonore qu'il l'est chez nous : un langage aide l'autre, et la vie est insinuée au langage vocal par le langage du visage. J'ai été informé par les anges que le premier langage de tous les hommes sur chaque terre a été le langage par le visage, et cela au moyen des lèvres et des yeux. La raison pour laquelle ce langage a été le premier de tous, c'est parce que le visage a été formé pour présenter l'image de ce que l'homme pense et de ce qu'il veut, d'où vient que le visage a été nommé l'image et le miroir de l'âme ; et aussi parce que dans les très anciens ou premiers temps la sincérité existoit, et que l'homme alors ne pensoit et ne vouloit penser que ce qu'il avoit l'intention que l'on vît paroître sur son visage ; par conséquent les affections de l'âme et les pensées qui en dérivent pouvoient s'y peindre naturellement et pleinement ; ainsi plusieurs choses ensemble paroissoient à l'œil comme dans une forme. Ce langage l'emportoit par cette raison autant sur le langage vocal, que la vue l'emporte sur l'ouïe, je veux dire que c'est comme voir une campagne, ou en entendre et en saisir la description faite par des paroles. Ils ajoutèrent qu'un tel langage concordoit avec le langage des anges, avec qui les hommes de ces temps-là communiquoient. Aussi quand le visage parle, ou que l'esprit parle par le visage, c'est le langage angélique chez l'homme dans la forme dernière naturelle, et non quand la bouche emploie le langage vocal. Chacun aussi peut comprendre que le langage vocal n'a pu être celui des très anciens, parce que les paroles d'une langue ne sont point immédiatement infuses, mais qu'il faut les trouver et les appliquer aux choses : ce qui n'a pu se faire que par le laps de temps (z). Tant que la sincérité et la droiture ont été chez

_____

(z) Chez les très anciens sur notre terre il y avoit un langage par le

l'homme, un tel langage y a aussi subsisté ; mais dès que l'esprit commença à penser une chose et à en dire une autre, ce qui arriva quand l'homme commença à s'aimer, et non son prochain, alors le langage vocal prit des accroissemens, tandis que le visage gardoit le silence, ou mentoit. De ce moment la forme interne du visage changea, se resserra, s'endurcit, et commença à devenir comme presque privée de la vie, tandis que sa forme externe, enflammée du feu de l'amour de soi-même, paroissoit comme vivante aux yeux des hommes ; car cette privation de la vie ne paroît point devant les yeux des hommes, mais devant les yeux des anges, parce qu'ils voient les intérieurs. Tel est le visage de ceux qui pensent une chose et qui en disent une autre ; car voilà ce que produisent la feinte, l'hypocrisie, l'astuce et la tromperie, qui font la prudence de nos jours. Mais il en est autrement dans l'autre vie : là, il n'est point permis de parler autrement qu'on ne pense. La discordance y est aussi perçue clairement dans chaque mot ; et quand elle est perçue, l'esprit en qui est une telle discordance est chassé de la société, et puni ; ensuite il est réduit par différens moyens à parler comme il pense, et à penser comme il veut, jusqu'à ce qu'il ait un esprit un, et non un esprit divisé ; s'il est bon, à vouloir le bien, à penser et à dire le vrai par le bien ; et s'il est méchant, à vouloir le mal, et à penser et dire le faux par le mal : le bon n'est point élevé dans le ciel, ni le méchant jeté dans l'enfer auparavant, et cela afin que dans l'enfer il n'y ait que le mal et le faux du mal, et que dans le ciel il n'y ait que le bien et le vrai du bien.

55. Enfin j'ai été informé par les esprits qui sont de cette terre, de différentes choses qui s'observent chez leurs habitans, comme de leur marche, de leur nourriture et de leur logement. Pour ce qui concerne leur marche, ils ne vont pas droits comme les habitans de notre terre et de plusieurs des autres terres, et ils ne rampent pas non plus comme les animaux ; mais quand ils marchent ils s'aident des paumes des mains, et alternativement ils s'élèvent à moitié sur les pieds ;

---

visage et par les lèvres, au moyen d'une aspiration interne, nos 607. 1118. 7361. Il y a un semblable langage chez les habitans de quelques unes des autres terres, nos 4799. 7359. 8248. 10587. De la perfection et de l'excellence de ce langage, nos 7360. 10587. 10708.

et avançant ainsi, à chaque troisième pas ils regardent, en tournant le visage, sur les côtés et derrière eux, et alors ils baissent aussi un peu le corps, ce qui se fait tout à coup; car chez eux il est indécent d'être vu par les autres autrement qu'en face. Quant ils marchent ainsi, ils tiennent toujours le visage élevé, comme chez nous, afin que de cette manière ils regardent le ciel en même temps qu'ils regardent la terre : pour regarder la terre, ils ne tiennent pas le visage baissé; ils appellent cela une chose condamnée; c'est ce que font chez eux les plus vils, qui, s'ils ne s'accoutument point à élever le visage, sont chassés de leur société. Mais quand ils sont assis, ils paroissent comme les hommes de notre terre, ayant la partie supérieure du corps dans une attitude droite; mais ils tiennent les pieds croisés. Ils ont grand soin, non seulement quand ils marchent, mais encore quand ils sont assis, qu'on ne les voient point par derrière, mais en face. Ils veulent aussi de préférence qu'on voie leur visage, parce qu'ainsi leur esprit paroît ; car ils ne montrent jamais un visage en opposition avec leur esprit, et ils ne le pourroient pas. Ceux qui sont présens savent très bien par là quels sont leurs sentimens à leur égard, ce qu'ils ne cachent pas non plus. Ils voient surtout si l'amitié qui se manifeste vient de la sincérité ou de la contrainte. Cela m'a été montré par leurs esprits, et confirmé par leurs anges. C'est de là aussi que leurs esprits sont vus, non comme les autres, marcher le corps droit, mais presque comme des nageurs s'aider des mains pour avancer et regarder de temps en temps autour d'eux.

56. Ceux qui vivent dans leurs zones chaudes sont nus, ayant cependant un voile autour des reins, et ils ne rougissent point de leur nudité, car leur esprit est chaste ; ils n'aiment que leurs femmes, et ils abhorrent les adultères. Ils étoient dans la plus grande surprise de ce que les esprits de notre terre, entendant dire qu'ils marchoient ainsi, et qu'ils étoient nus, s'en moquoient et avoient sur cela des pensées lascives, et de ce qu'on ne faisoit aucune attention à leur vie céleste, mais seulement à cette manière d'être. Ils disoient que c'étoit un signe qu'ils se mettoient plus en peine des choses corporelles et terrestres que des choses célestes, et que les idées indécentes occupoient leur esprit. Je leur dis que la nudité n'est point un sujet de honte et de scandale pour ceux qui

vivent dans la chasteté et dans l'état d'innocence, mais qu'elle l'est pour ceux qui vivent dans la lasciveté et dans l'impudicité.

57. Quand les habitans de cette terre se mettent au lit, ils tournent leur visage par devant, vers la chambre, et non en arrière, ou sur le côté, vers la muraille. Leurs esprits me racontoient cela, et ils m'en donnoient la raison : c'est qu'ils croient que, par la première manière de se placer, ils tournent leur visage vers le Seigneur, et que dans l'autre sens ils le détournent. Pareille chose m'est arrivée quelquefois quand j'étois dans mon lit; mais jusqu'à ce moment j'ignorois d'où cela provenoit.

58. Ils trouvent leurs délices à prolonger leurs repas, non pas tant par le plaisir qu'ils trouvent dans le manger, que par le plaisir de la conversation qui a lieu alors. Quand ils sont à table, ils ne sont pas assis sur des chaises, ni sur des bancs, ni sur des lits élevés de gazon, ni sur de la verdure, mais sur des feuilles d'un certain arbre. Ils ne vouloient pas me dire de quel arbre étoient ces feuilles; mais après que j'en eus nommé plusieurs par conjectures, ayant enfin nommé les feuilles de figuier, ils l'affirmèrent. De plus, ils me dirent qu'ils ne préparent point leurs alimens selon le goût, mais surtout selon l'usage. Ils disoient que la nourriture utile est celle qui a pour eux de la saveur. Il y eut sur ce sujet une conversation entre les esprits, et il fut dit que ce régime convient à l'homme, puisque l'homme a ainsi à cœur d'avoir un esprit sain dans un corps sain. Il en est chez lui alors autrement que chez ceux en qui le goût commande : leur corps en devient malade, tout au moins il languit intérieurement, et conséquemment l'esprit languit, car il se conduit selon l'état intérieur des parties récipientes qui appartiennent au corps, comme la vue et l'ouïe, selon l'état de l'œil et de l'oreille : de là cette folie de placer tout le plaisir de la vie dans la luxure et dans la volupté; de là aussi la pesanteur dans les choses qui concernent la pensée et le jugement, et l'adresse dans les choses qui concernent le corps et le monde; de là vient la ressemblance de l'homme avec la bête brute, avec laquelle de tels hommes se comparent assez à propos.

59. Leurs habitations m'ont été aussi montrées. Elles sont basses, faites de bois; mais elles sont revêtues en dedans d'une espèce d'enveloppe d'arbres, ou d'écorce d'un bleu pâle, ornées tout au tour et sur le plafond de points comme de petites étoiles à

l'image du ciel; car ils veulent donner à l'intérieur de leurs maisons une forme de représentation du ciel visible, avec ses astres; parce qu'ils croient que les astres sont les demeures des anges. Ils ont aussi des tentes qui sont arrondies par le haut, et tendues en longueur. Le dedans en est aussi parsemé de petites étoiles, sur un fond bleu. C'est sous ces tentes qu'ils se retirent dans le jour, afin que leur visage ne soit pas brûlé de l'ardeur du soleil. Ils mettent beaucoup de soin à orner et nettoyer ces tentes; ils y mangent aussi.

60. Quand les esprits de Jupiter voyoient des chevaux de cette terre, ces chevaux me paroissoient plus petits que je ne les voyois ordinairement, quoiqu'ils fussent assez robustes et de haute stature : cela venoit de l'idée que ces esprits ont des chevaux de cette terre. Ils me disoient qu'il y en avoit aussi chez eux de semblables, mais beaucoup plus grands; qu'ils étoient sauvages ou errans dans les forêts, et que, quand ils se montroient, ils leur inspiroient de la terreur, quoiqu'ils ne fissent aucun mal : ils ajoutoient que la crainte qu'ils avoient d'eux étoit comme innée ou naturelle. Cela nous offroit l'occasion de réfléchir sur la cause de cette crainte. En effet, le cheval signifie, dans le sens spirituel, l'entendement formé par les scientifiques (*aa*); et comme les hommes de Jupiter craignent de cultiver l'entendement par les sciences qui viennent du monde, de là l'influx de la crainte. Or, on verra ci-après qu'ils se mettent peu en peine des scientifiques qui tiennent à l'érudition humaine.

61. Les esprits de cette terre ne veulent point être en société avec les esprits de la nôtre, parce qu'ils diffèrent de caractères et de mœurs. Ils disent que les esprits de notre terre sont astucieux, prompts et ingénieux à machiner des maux, et qu'ils savent et pensent peu sur le bien. En outre, les esprits de la terre de Jupiter sont beaucoup plus sages que ceux de notre terre. Ils disent des nôtres qu'ils parlent beaucoup et pensent peu; qu'ainsi ils ne peuvent pas percevoir intérieurement beaucoup de choses; pas même ce qui est bon. De là ils concluent que les hommes de notre terre sont des hommes externes. Un jour il fut permis aux esprits mauvais de notre terre d'agir par

---

(*aa*) Le cheval signifie l'intellectuel, n⁰ˢ 2760 à 2762. 3217. 5321. 6125. 6400. 6534. 7024. 8146. 8148. Et le cheval blanc, dans *l'Apocalypse*, signifie l'intelligence de la Parole, n⁰ 2760.

leurs artifices pervers, et d'infester les esprits de Jupiter qui
étoient chez moi : ceux-ci soutinrent leurs attaques fort long-
temps ; mais enfin ils avouèrent qu'ils ne pouvoient plus leur
résister ; qu'ils croyoient qu'il n'y avoit pas de plus méchans
esprits que ceux-là ; car ils pervertissoient leur imagination
ainsi que leur pensée à un tel point, qu'il leur sembloit être
comme liés, et ne pouvoir, sans le secours divin, s'en débarrasser et s'en délivrer. Quand je lisois dans la Parole quelque
chose sur la passion de notre Sauveur, les esprits européens
insinuoient d'affreux scandales, dans l'intention de séduire les
esprits de Jupiter. On s'informa qui étoient ces esprits d'Europe, et quel avoit été leur état dans ce monde ; et il fut découvert que quelques uns d'eux avoient été prédicateurs, et
qu'il y en avoit parmi eux plusieurs de ceux qui s'appellent de
la société de Jésus ou jésuites. Je dis que ces jésuites, quand
ils vivoient dans le monde, avoient pu, par leurs prédications
sur la passion du Seigneur, émouvoir le peuple jusqu'aux
larmes : j'ajoutois aussi la raison pour laquelle, dans le monde,
ils avoient pensé autrement qu'ils ne parloient, conséquemment qu'ils avoient une chose dans leur cœur, et une autre dans
leur bouche ; mais qu'à présent il ne leur est plus permis de
parler avec fourberie ; parce que quand ils deviennent esprits,
ils sont contraints de parler absolument comme ils pensent. Les
esprits de Jupiter étoient stupéfaits d'apprendre qu'il y ait en
l'homme une telle discordance entre les intérieurs et les extérieurs, c'est-à-dire qu'il parle autrement qu'il ne pense, et ils
assuroient que cela leur seroit impossible. Ils étoient étonnés
en apprenant que plusieurs des habitans de notre terre devenoient aussi des anges, et qu'ils avoient un tout autre cœur ;
car ils croyoient alors que tous les hommes de notre terre
étoient semblables à eux : je leur dis qu'il y en avoit beaucoup
qui n'étoient pas tels ; qu'il y en avoit aussi qui pensoient d'après
le bien, et non d'après le mal, comme ceux-là ; et que ceux
qui pensoient d'après le bien, devenoient anges. Afin qu'ils
fussent convaincus que cela étoit ainsi, plusieurs chœurs d'anges
qui avoient été habitans de notre terre, descendirent du ciel
l'un après l'autre, glorifiant le Seigneur d'une voix unanime,
et d'un commun accord (bb). Ces chœurs ravissoient tellement

(bb) On dit il y a un chœur, quand plusieurs esprits parlent tous en-

les esprits de Jupiter qui étoient chez moi, qu'il leur sembloit
être enlevés dans le ciel. Cette glorification des chœurs angéliques dura environ une heure : il me fut donné de sentir en
moi-même, par communication, les délices que ces esprits prenoient. Ils me dirent qu'ils rapporteroient cela aux leurs qui
n'étoient point avec eux.

62. Les habitans de la terre de Jupiter font consister la
sagesse à penser bien et justement sur les choses qui arrivent
dans la vie. Ils puisent cette sagesse dans leurs parens, dès l'enfance, et ils la transmettent successivement à leur postérité. Ils
la puisent encore dans l'amour de cette même sagesse, parce
qu'elle croît chez les parens. Ils ne savent absolument rien et ne
veulent rien savoir des sciences, telles qu'elles sont sur notre
terre; ils les appellent des ombres, et les comparent à des nuages
qui interceptent la lumière du soleil. Ils ont pris cette idée sur
les sciences, de ce que quelques esprits de notre terre se van-
toient devant eux d'être sages par leurs sciences. Les esprits de
notre terre qui se sont ainsi vantés, étoient ceux qui faisoient
consister la sagesse dans les connoissances qui sont de pure
mémoire, comme dans les langues, particulièrement l'hé-
braïque, la grecque et la latine, dans les mémoires du monde
littéraire, dans les critiques, dans les découvertes de simples
expériences, dans les termes surtout philosophiques, et dans
d'autres choses semblables, et qui ne se sont pas servi de ces
sciences comme de moyens pour parvenir à la sagesse, parce
qu'ils ont mis la sagesse dans ces moyens mêmes : ainsi n'ayant
pas cultivé leur faculté rationnelle par ces sciences, comme
des moyens, dans l'autre vie ils ont peu de perception; car ils
ne voyent que dans les termes et par les termes. Or, ceux qui
voient ainsi sont comme des masses ou comme des nuages devant
la vue intellectuelle; voyez ci-dessus n° 38; et ceux qui ont
tiré vanité, pendant leur vie, de cette érudition, perçoivent encore moins. Quant à ceux qui se sont servis de ces sciences comme
de moyens d'affoiblir et d'anéantir les vérités qui concernent
l'Eglise et la foi, ils ont entièrement détruit leur entendement,
et ils voyent dans l'obscurité comme les hiboux, le faux pour

semble et unanimement, nos 2595. 2596. 3350. Dans leur langage il y a un
accord harmonique, nos 1648. 1649. Dans l'autre vie, c'est par les chœurs
que se fait l'inauguration dans l'unanimité, n° 5182.

le vrai, et le mal pour le bien. Les esprits de Jupiter conclurent de la conversation qu'ils avoient eue avec de tels savans, que ces sciences produisent de l'ombre et aveuglent. Mais je leur dis que sur cette terre les sciences sont des moyens d'ouvrir la vue intellectuelle, laquelle est dans la lumière du ciel ; mais que comme le goût des choses qui concernent la vie purement naturelle et sensuelle y règne, ces sciences sont pour eux des moyens qui mènent à la folie, c'est-à-dire à se confirmer pour la nature contre la Divinité, et pour le monde contre le ciel. Je leur dis de plus que les sciences en soi-même sont des richesses spirituelles, et que ceux qui les possèdent sont comme ceux qui possèdent les richesses du monde, lesquelles sont des moyens de faire des usages à soi, au prochain et à la patrie, ainsi que des moyens de mal faire ; que ces sciences sont encore comme des vêtemens qui servent pour l'usage et pour l'ornement, ainsi que pour le faste, comme chez ceux qui veulent être honorés à cause de leurs habits seuls. Les esprits de la terre de Jupiter me comprirent bien ; mais ils étoient surpris qu'étant hommes ils se fussent arrêtés dans les moyens ; qu'ils eussent préféré à la sagesse elle-même ce qui conduit à la sagesse, et qu'ils n'eussent pas vu que plonger l'esprit dans ces sciences, et ne pas s'élever au-dessus, c'est se jeter dans l'ombre, et s'aveugler.

63. Un esprit, montant de la terre inférieure, vint à moi, et me dit qu'il avoit entendu la conversation que j'avois eue avec les autres esprits, mais qu'il n'avoit rien compris à ce qui avoit été dit sur la vie spirituelle et sur sa lumière. Je lui demandai s'il vouloit en être instruit. Il me dit qu'il n'étoit pas venu dans cette intention : d'où je pus conclure qu'il ne comprendroit pas de telles choses. Il étoit très stupide. Il me fut dit par les anges que quand il vivoit dans le monde il étoit parmi les hommes les plus célèbres par leur érudition. Il étoit froid ; ce que je sentois très bien par son haleine ; c'étoit un signe qu'il avoit une lumière purement naturelle, sans aucune lumière spirituelle, et qu'ainsi par les sciences il ne s'étoit pas ouvert, mais s'étoit fermé la voie qui conduit à la lumière du ciel.

64. Comme les habitans de la terre de Jupiter acquèrent l'intelligence par un autre moyen que les habitans de notre terre, et comme en outre ils sont d'un autre caractère par la vie, c'est pour cela qu'ils ne peuvent rester long-temps avec eux, mais

qu'ils les fuient ou les repoussent. Il y a des sphères, qu'on doit nommer sphères spirituelles, qui émanent ou s'exhalent continuellement de chaque esprit; elles découlent de l'actif des affections et des pensées, ainsi de la vie même (*cc*). Toutes les associations se font dans l'autre vie selon les sphères; celles qui concordent se conjoignent selon la concordance; celles qui discordent se repoussent selon la discordance. Les esprits et les anges qui sont de la terre de Jupiter représentent dans le Très Grand Homme *l'imaginatif de la pensée*, et ainsi l'état actif des parties intérieures; mais les esprits de notre terre représentent les différentes fonctions des parties extérieures du corps; quand celles-ci veulent dominer, l'actif ou l'imaginatif de la pensée ne peut pas influer de l'intérieur: de là les oppositions entre les sphères de la vie de l'un et de l'autre.

65. Quant à leur culte divin, le principal est qu'ils reconnoissent notre Seigneur pour le Dieu suprême qui gouverne le ciel et la terre; ils l'appellent l'unique Seigneur; et comme dans la vie du corps ils le reconnoissent et l'adorent, après la mort ils le cherchent et le trouvent: il est le même que notre Seigneur. Je leur demandai s'ils savoient que le Seigneur unique est homme. Ils me répondirent qu'ils savent tous qu'il est homme, parce que sur leur terre il a été vu comme homme par plusieurs. Ils me dirent aussi qu'il les instruit sur la vérité; qu'il les conserve, et qu'il donne la vie éternelle à ceux qui l'adorent par le bien; qu'il leur a été révélé par lui comment ils doivent vivre, et comment ils doivent croire; et que ce qui leur a été révélé passe par tradition des pères aux enfans; que de là la doctrine est transmise à toutes les familles, et ainsi à toute la race qui est sortie d'un seul père. Ils ajoutèrent qu'il leur sembloit qu'ils avoient cette doctrine gravée dans leur esprit: ce qu'ils conclurent de ce qu'ils perçoivent sur-le-champ, et reconnoissent comme d'eux-mêmes si ce qui leur est dit par les autres sur la vie du ciel chez l'homme, est vrai ou ne l'est pas. Ils ne savent pas que leur unique Seigneur est né homme sur notre

_____

(*cc*) Une sphère spirituelle, qui est la sphère de la vie, découle et émane de chaque homme, de chaque esprit et de chaque ange; et elle les entoure, nos 4464. 5179. 7454. Elle découle de la vie de leur affection, et par elle de la vie de leur pensée, nos 2489. 4464. 6206. Dans l'autre vie, c'est selon les sphères que se font les associations et les séparations, nos 6206. 9606. 9607. 10312.

terre. Ils me disoient qu'ils ne se mettoient pas en peine de le savoir, mais seulement qu'il est homme et qu'il gouverne l'univers. Quand je leur dis que sur notre terre il est nommé Jésus-Christ; que Christ signifie oint ou roi, et que Jésus signifie sauveur, ils me répondirent qu'ils ne l'adoroient pas comme roi, parce que le mot de royauté a rapport à ce qui est mondain; mais qu'ils l'adorent comme sauveur. Comme il leur fut insinué par des esprits de notre terre le doute si leur unique Seigneur est le même que notre Seigneur, ils repoussèrent ce doute par le souvenir qu'ils avoient de l'avoir vu dans le soleil, et par la reconnoissance qu'il est le même qu'ils ont vu sur leur terre; voyez ci-dessus, n° 40. Un jour aussi les esprits de Jupiter, qui étoient auprès de moi, eurent un doute si leur unique Seigneur étoit le même que notre Seigneur; mais ce doute, qui influa en un moment, fut aussi dissipé en un moment: il avoit été influé par quelques esprits de notre terre; et ce que j'admirai, c'est qu'alors ils furent couverts d'une telle honte d'avoir un seul moment eu un pareil doute, qu'ils me recommandèrent de ne pas le publier, de crainte qu'ils ne fussent pour cela accusés de quelque incrédulité, tandis qu'à présent ils savent cette vérité plus que tous les autres. Ces esprits étoient affectés et ravis de la plus grande joie quand ils m'entendoient dire que l'unique Seigneur est le seul homme, et que c'est de lui que tous tiennent ce qui les fait appeler hommes; mais qu'ils ne sont hommes qu'autant qu'ils sont son image, c'est-à-dire qu'autant qu'ils l'aiment et qu'ils aiment le prochain, ainsi qu'autant qu'ils sont dans le bien; car le bien de l'amour et de la foi est l'image du Seigneur.

66. Il y avoit auprès de moi des esprits de la terre de Jupiter, pendant que je lisois le dix-septième chapitre de l'Evangile de Jean, sur l'amour du Seigneur et sur sa glorification; et quand ils entendirent ce qui est contenu dans ce chapitre, la sainteté les saisit, et ils confessèrent que tout y est divin. Alors des esprits de notre terre, qui avoient été infidèles, suggéroient continuellement des scandales, en disant qu'il étoit né enfant, qu'il avoit vécu homme, qu'il avoit paru comme un autre homme, qu'il avoit été crucifié, et autres choses semblables; mais les esprits de la terre de Jupiter n'y firent aucune attention: ils dirent que ces esprits sont comme leurs diables, qu'ils abhorrent, ajoutant qu'il n'y a rien de céleste dans leur esprit, mais seule-

ment du terrestre, qu'ils appeloient scories ; qu'ils avoient découvert cela parce que, quand ils eurent entendu dire que les
habitans de leur terre marchoient nus, l'obscénité aussitôt
s'étoit emparée de leurs pensées ; et qu'ils n'avoient nullement
pensé à leur vie céleste, dont cependant ils avoient alors entendu
parler.

67. Les esprits de Jupiter, en représentant comment le Seigneur
change les mauvaises affections en bonnes, m'ont fait voir combien est claire leur perception sur les choses spirituelles. Ils
représentèrent l'esprit intellectuel comme une belle forme, et lui
donnèrent l'activité convenable à la forme pour la vie de l'affection : ce qu'ils firent d'une manière qui ne peut être décrite par
des paroles, et avec tant d'adresse, qu'ils en furent loués par les
anges. Il y avoit là alors des savans de notre terre, qui avoient
plongé leur entendement dans les termes des scientifiques, et qui
avoient écrit beaucoup d'ouvrages et beaucoup pensé sur la
forme, sur la substance, sur le matériel et l'immatériel, et sur
d'autres choses semblables, et n'avoient appliqué ces connoissances à aucun usage : ils ne purent pas même comprendre cette
représentation.

68. Les habitans de la terre de Jupiter empêchent avec le plus
grand soin que quelqu'un ne tombe dans des opinions mauvaises
touchant l'unique Seigneur ; et s'ils remarquent qu'il y en ait qui
commencent à penser mal sur le Seigneur, d'abord ils les aver-
tissent, ensuite ils les effraient par des menaces, et enfin par des
peines. Ils m'ont dit avoir observé que quand une telle erreur se
glissoit dans quelque famille, cette famille étoit éteinte, non par
la peine de mort, infligée par leurs compagnons, mais par la
privation de la respiration, et conséquemment de la vie par les
esprits, ceux-ci leur ayant préalablement annoncé la mort ; car
sur cette terre, les esprits conversent avec eux, et les châtient
s'ils ont fait le mal, et même s'ils ont eu intention de le faire. Il
sera question de cela dans la suite. Si donc ils pensent mal sur
l'unique Seigneur, et s'ils ne s'en repentent point, la mort leur
est annoncée. De cette manière se conserve parmi eux le culte
du Seigneur, qui est pour eux la suprême Divinité.

69. Ils m'ont dit qu'ils n'ont point de jours de fêtes ; mais
que chaque matin, au soleil levant, et chaque soir, au soleil
couchant, ils rendent un culte saint à l'unique Seigneur, dans
leurs tentes, et ils chantent des hymnes à leur manière.

70. En outre, j'ai été instruit qu'il y a aussi sur cette terre des hommes qui s'appellent eux-mêmes saints, et qui commandent, sous peine de châtiment, à leurs domestiques, qu'ils multiplient, de les appeler seigneurs. Ils les empêchent aussi d'adorer le Seigneur de l'univers, disant que ce sont eux qui sont les seigneurs médiateurs, et qu'ils porteront leurs supplications au Seigneur de l'univers. Quant au Seigneur de l'univers, qui est notre Seigneur, ils ne l'appellent point l'unique Seigneur, comme les autres l'appellent ; mais le Seigneur suprême, parce qu'ils se disent eux-mêmes des seigneurs. Ils appellent le soleil du monde la face du Seigneur suprême, et ils croient que là est sa demeure : c'est pourquoi ils adorent aussi le soleil. Tous les autres habitans de cette planète les ont en aversion, et ne veulent point les fréquenter, tant parce qu'ils adorent le soleil que parce qu'ils se nomment eux-mêmes seigneurs, et qu'ils sont adorés comme dieux médiateurs par leurs domestiques. Il m'a été montré par les esprits que la coiffure de ces saints est un bonnet en forme de tour, d'une couleur sombre. Dans l'autre vie, de tels saints paroissent à la gauche à une certaine hauteur, et là ils sont assis comme des idoles ; dans le commencement ils sont aussi adorés par les domestiques qui sont chez eux ; mais ensuite ils deviennent les objets de leur dérision. Une chose qui m'étonna, c'est que leur visage est brillant comme par le feu ; ils tirent cette lumière de ce qu'ils se sont crus des saints : mais quoiqu'ils paroissent avoir le visage comme enflammé, néanmoins ils sont froids, et désirent beaucoup se chauffer. De là il est évident que le feu dont ils brillent est le feu de l'amour de soi-même, un feu follet. Ces soi-disant saints, pour se chauffer, s'imaginent fendre du bois, et quand ils le fendent, il paroît sous le bois quelque chose ressemblant à un homme qu'ils s'efforcent alors de frapper : cela vient de ce qu'ils s'attribuent le mérite et la sainteté. Ceux qui le font dans le monde, paroissent à eux-mêmes, dans l'autre vie, fendre du bois, comme quelques uns de notre terre, dont j'ai parlé ailleurs. Pour éclaircir la chose je puis rapporter ici une expérience sur ces esprits. « Dans la terre inférieure, sous la plante des pieds, sont « aussi ceux qui ont placé du mérite dans leurs bonnes actions « et leurs bonnes œuvres. Plusieurs d'entre eux paroissent à « eux-mêmes fendre du bois. Le lieu où ils sont est très froid, « et il leur semble se procurer de la chaleur par leur travail.

« J'ai conversé aussi avec eux ; et il m'a été donné de leur de-
« mander s'ils vouloient sortir de ce lieu : ils m'ont répondu
« qu'ils ne l'avoient pas encore mérité par leur travail : mais
« quand cet état est achevé, ils en sont retirés. Ils sont natu-
« rels ; car vouloir mériter le salut n'est pas spirituel ; en effet,
« cette volonté vient du propre et non du Seigneur ; et en outre
« ils se préfèrent aux autres, et quelques uns d'eux méprisent
« les autres. S'ils ne reçoivent pas de la joie plus que tous les
« autres dans l'autre vie, ils s'indignent contre le Seigneur :
« c'est pourquoi quand ils fendent du bois, il leur apparoît sous
« le bois comme quelque chose ressemblant au Seigneur : c'est
« l'effet de leur indignation. » (dd)

71. C'est une chose ordinaire sur cette terre, que les esprits
parlent avec les habitans, les instruisent et les châtient s'ils ont
fait le mal. Comme plusieurs choses m'ont été racontées sur ce
sujet par leurs anges, je veux les rappeler par ordre. Que les
esprits y conversent avec les habitans, c'est parce que ceux-ci
pensent beaucoup au ciel et à la vie après la mort, et qu'ils ont
au contraire très peu d'inquiétude sur la vie du monde ; car
ils savent qu'après leur mort ils vivront encore, et dans un
état de félicité selon l'état de leur homme interne formé dans
le monde. Il étoit ordinaire aussi sur cette terre aux hommes
des temps anciens de converser avec les esprits et les anges par
la même raison, c'est-à-dire parce qu'ils pensoient beaucoup
au ciel et peu au monde. Mais cette vive communication avec
le ciel fut fermée avec le temps, selon que l'homme d'interne
qu'il étoit devint externe, ou, ce qui est la même chose, à
mesure qu'il commença à penser beaucoup au monde, et peu
au ciel ; et plus encore quand l'homme crut qu'il n'y avoit ni
ciel ni enfer, et qu'il n'avoit point en lui un homme-esprit qui
dût vivre après la mort ; car aujourd'hui l'on croit que le corps
vit par soi, et non par son esprit : c'est pourquoi si l'homme

(dd) C'est au Seigneur seul qu'est le mérite et la justice, nos 9715. 9975.
9979. 9981. 9982. Ceux qui placent le mérite dans leurs œuvres, ou qui
veulent mériter le ciel par les bonnes œuvres qu'ils font, veulent être
servis dans l'autre vie, et jamais ne sont contens, n° 6393. Ils méprisent
le prochain, et ils s'irritent contre le Seigneur même, s'ils ne reçoivent
pas une récompense, n° 9976. Leur sort dans l'autre vie, nos 942. 1774.
1877. 2027. Ils sont entre ceux qui, dans la terre inférieure, paroissent
fendre du bois, nos 1110. 4943.

n'avoit maintenant la foi qu'il ressuscitera avec son corps, il n'auroit aucune foi à la résurrection.

72. Quant à ce qui concerne spécialement la présence des esprits chez les habitans de la terre de Jupiter, il y a des esprits qui les châtient, des esprits qui les instruisent, et des esprits qui les gouvernent. Les esprits qui châtient s'appliquent au côté gauche et s'inclinent vers le dos; et quand ils y sont, ils tirent de la mémoire de l'homme toutes ses actions et toutes ses pensées; cela est facile aux esprits : en effet, quand ils s'insinuent dans l'homme, ils entrent dans toute sa mémoire (*voyez* la note *i*); s'ils y trouvent qu'il a mal agi, ou qu'il a mal pensé, ils le réprimandent et même le corrigent par une douleur aux jointures, aux pieds ou aux mains, ou par une douleur autour de la région épigastrique; c'est aussi ce qu'ils peuvent faire fort adroitement quand il leur est permis. Lorsque de tels esprits viennent à l'homme, ils excitent un frémissement mêlé de crainte; alors l'homme sait leur arrivée. Les mauvais esprits peuvent inspirer la crainte quand ils approchent de quelqu'un, surtout ceux qui ont été voleurs pendant qu'ils vivoient dans le monde. Afin que je susse comment ces esprits font quand ils approchent un homme de leur terre, il fut permis à un tel esprit de m'approcher aussi. Quand il fut près de moi, un frémissement, mêlé de crainte, s'empara de moi d'une manière sensible; mais ce frémissement fut extérieur et non intérieur, parce que je savois que c'étoit un tel esprit. Il se présenta à ma vue, et il apparut comme un nuage sombre avec de petites étoiles mobiles dans ce nuage : les étoiles mobiles signifient les faussetés; mais les étoiles fixes signifient les vérités. Cet esprit s'appliqua à mon côté gauche vers le dos, et il commença aussi à me réprimander sur les actions et les pensées qu'il tira de ma mémoire, et qu'il interprétait en mauvaise part; mais il fut arrêté par les anges. Quand il s'aperçut qu'il étoit chez un autre qu'un homme de sa terre, il commença à me parler et me dire que, quand il vient dans un homme, il sait tout ce que cet homme a fait et pensé en général et en particulier; qu'alors il le réprimande sévèrement, et le châtie par différentes douleurs. Dans un autre temps, il vint aussi à moi un semblable esprit correcteur, et il s'appliqua à mon côté gauche, au-dessous du milieu du corps, comme le premier, et il vouloit aussi me punir; mais il fut pareillement éloigné par les

anges. Il m'expliqua néanmoins les genres de punition qu'il leur est permis d'infliger aux hommes de leur terre, s'ils agissent mal, et s'ils ont intention de mal agir. Ce sont, outre la douleur des jointures, une contraction douloureuse vers le milieu du ventre, qui se fait sentir comme une compression causée par une ceinture garnie de pointes ; ce sont aussi des étouffemens de poitrine d'un moment à l'autre, portés jusqu'à la suffocation ; d'autres fois, la défense de manger autre chose que du pain pendant un certain temps ; enfin l'annonce de la mort à ceux qui ne cessent de retomber dans les mêmes fautes, et la privation de la joie habituelle que leur causent leur femme, leurs enfans et leurs amis ; par là aussi ils leur insinuent une grande affliction.

73. Les esprits qui instruisent s'appliquent aussi à leur côté gauche, mais plus par-devant ; ils réprimandent également, mais avec douceur, et aussitôt ils enseignent comment on doit vivre. Ils apparoissent aussi d'une manière obscure, non pas comme un nuage, ainsi que les autres, mais comme revêtus de sacs. Ils sont nommés instructeurs ; et les premiers, correcteurs. Quand ces esprits sont présens, les esprits angéliques sont aussi présens ; ceux-ci s'établissent près de la tête, et la remplissent d'une manière particulière ; leur présence y est perçue comme une douce aspiration ; car ils craignent que l'homme ne perçoive la moindre douleur ou la moindre anxiété à leur approche par leur influx. Ces esprits angéliques gouvernent les esprits correcteurs et les esprits instructeurs, pour que les uns ne fassent pas plus de mal à l'homme qu'il n'est permis par le Seigneur, et que les autres lui disent le vrai. Quand l'esprit correcteur étoit chez moi, les esprits angéliques y étoient aussi ; ils tenoient mon visage continuellement gai et riant, la région autour de mes lèvres un peu élevée, et ma bouche un peu ouverte : c'est ce que les anges font facilement par l'influx, quand il est permis par le Seigneur. Ils disoient qu'ils donnent un tel visage aux habitans de leur terre quand ils sont auprès d'eux.

74. Si l'homme, après le châtiment et l'instruction, fait encore le mal, ou pense à le faire encore, et s'il ne s'en abstient point par les préceptes du vrai, alors quand l'esprit correcteur revient, cet homme est puni plus sévèrement ; mais les esprits angéliques modèrent la punition selon l'intention

qu'il y avoit dans les actions, et selon la volonté qu'il y avoit dans les pensées. Par là, on peut voir que leurs anges qui sont placés à la tête, ont une espèce de juridiction sur l'homme, puisque ce sont eux qui permettent, arrêtent, modèrent et influent. Mais il m'a été dit qu'ils ne jugent pas; que c'est le Seigneur seul qui est le juge, et que de lui influe en eux tout ce qu'ils ordonnent aux esprits correcteurs et aux esprits instructeurs, et que cela leur paroît venir comme d'eux-mêmes.

75. Là, les esprits parlent à l'homme; mais l'homme ne parle point aux esprits; seulement il peut dire, quand les esprits l'instruisent, qu'*il ne fera plus ainsi*. Il ne lui est pas non plus permis de dire à quelqu'un que l'esprit lui a parlé; s'il le fait, il est puni. Ces esprits de Jupiter, quand ils étoient auprès de moi, croyoient d'abord qu'ils étoient auprès d'un homme de leur terre; mais lorsqu'ils m'entendirent parler avec eux, qu'ils lurent dans ma pensée que je voulois publier ce qu'ils me disoient, et ainsi le dire aux autres, et qu'ils virent qu'il ne leur étoit pas permis de me châtier ni de m'instruire, ils comprirent qu'ils étoient auprès d'un homme autre que les leurs.

76. Deux signes paroissent à ces esprits quand ils sont auprès d'un homme; ils voient un homme ancien avec un visage blanc : c'est un signe pour eux qu'ils ne doivent dire que ce qui est vrai, et ne faire que ce qui est juste. Ils voient aussi un visage à une fenêtre : c'est un signe qu'ils doivent se retirer. Cet homme ancien m'a apparu aussi; le visage m'a également apparu à une fenêtre, et ces esprits, dès qu'ils l'ont vu, se sont éloignés de moi.

77. Outre les esprits dont je viens de parler, il y a des esprits qui conseillent des choses contraires; ce sont ceux qui, quand ils vécurent dans le monde, avoient été exclus de la société des autres hommes, parce qu'ils étoient méchans. Lorsqu'ils s'insinuent, il apparoît comme un feu volant qui tombe auprès du visage; ils se placent en bas, aux parties postérieures de l'homme, et de là ils parlent vers les parties supérieures. Ils disent des choses contraires à celles que l'esprit instructeur a dites d'après les anges, c'est-à-dire qu'il ne faut point vivre selon l'instruction, mais à sa fantaisie et en toute licence, et autres suggestions semblables. Le plus souvent ils viennent à l'homme, après que les premiers esprits se sont retirés; mais les hommes savent qui et quels sont ces esprits, et, par cette

raison, ne s'occupent nullement d'eux; néanmoins ils apprennent ainsi ce que c'est que le mal, et conséquemment ce que c'est que le bien; car, par le mal, on apprend ce que c'est que le bien, parce que la qualité du bien est connue par son contraire; toute perception d'une chose étant selon la réflexion relative aux différences, résultant des paroles contraires en diverses manières et en divers degrés.

78. Les esprits correcteurs et les esprits instructeurs n'approchent point de ceux qui se nomment eux-mêmes saints et seigneurs médiateurs, dont j'ai parlé ci-dessus, n° 70, comme ils approchent des autres habitans de cette terre; parce que ces soi-disant saints ne se laissent point instruire et ne se corrigent point par les leçons qui leur sont données. Ils sont inflexibles, parce qu'ils agissent ainsi par l'amour de soi-même. Les esprits me disoient qu'ils les connoissent au froid qui les environne; et que, quand ils sentent ce froid, ils s'éloignent d'eux.

79. Parmi les esprits de Jupiter, il y a aussi des esprits qu'on appelle ramoneurs de cheminées, parce qu'ils paroissent dans un accoutrement semblable à celui des ramoneurs, et aussi avec un visage couvert de suie. Je puis exposer aussi qui sont ces esprits, et quelles sont leurs qualités. Un jour il vint à moi un tel esprit; il me pria, avec de vives instances, d'intercéder pour lui, afin qu'il pût aller dans le ciel. Il me disoit qu'il ne savoit pas quel mal il avoit fait; que seulement il avoit réprimandé les habitans de sa terre. Il ajouta qu'après les avoir réprimandés, il les avoit instruits. Il s'appliqua à mon côté gauche, sous l'aisselle, et il me parloit comme de deux endroits à la fois: sa mine excitoit la commisération; mais je ne pus lui répondre autre chose sinon qu'il ne m'étoit pas possible de lui porter aucun secours, et que celui qu'il demandoit dépendoit uniquement du Seigneur; que je ne pouvois pas non plus intercéder pour lui, parce que je ne savois si cela lui seroit utile ou non; mais que, s'il étoit digne, il pouvoit espérer. Alors il fut renvoyé parmi les bons esprits qui étoient de sa terre; mais ceux-ci dirent qu'il ne pouvoit être dans leur société, parce qu'il n'étoit pas tel. Cependant, comme il demandoit toujours, avec un ardent désir, à être admis dans le ciel, il fut encore envoyé dans la société des bons esprits de cette terre; mais ceux-ci dirent aussi qu'il ne pouvoit être avec eux.

Il étoit d'une couleur noire dans la lumière du ciel ; néanmoins il leur dit qu'il n'étoit point de couleur noire , mais de couleur brune. Il m'a été dit que tels sont dans le commencement ceux qui ensuite sont reçus parmi les anges qui constituent la province des VÉSICULES SÉMINALES dans le Très Grand Homme, ou dans le ciel ; car c'est dans ces vésicules que la semence est rassemblée et enduite d'une matière convenable, propre à conserver le prolifique de la semence pour empêcher qu'il se dissipe, mais qui peut en être séparée à l'entrée de l'utérus, afin que ce qui est réservé intérieurement serve à la conception ou à l'imprégnation de l'œuf ; de là vient que dans cette matière séminale il y a une tendance et comme un brûlant désir d'être séparée, et de laisser la semence seule pour remplir son usage. Il apparut aussi quelque chose de semblable chez cet esprit ; il vint de nouveau à moi dans son vil accoutrement , et il me dit encore qu'il brûloit du désir d'aller dans le ciel , et qu'il sentoit à présent qu'il étoit tel, qu'il pouvoit y parvenir ; il me fut donné alors de lui dire que c'étoit peut-être un indice qu'avant peu il y seroit reçu. Alors les anges lui dirent de se dépouiller de son vêtement : il s'en dépouilla par son désir avec tant de promptitude , qu'on pourroit à peine faire une chose plus promptement. Par-là étoit représenté quels étoient les désirs de ceux qui sont dans la province à laquelle correspondent les vésicules séminales. Il me fut dit que de tels esprits, quand ils sont préparés pour le ciel, se dépouillent de leurs vêtemens, en prennent de nouveaux resplendissans, et deviennent des anges. Ils les comparoient à des vers qui , ayant achevé leur état vil , sont changés en nymphes et en papillons , à qui alors sont donnés un autre vêtement , des ailes de couleur bleue ou jaune , ou argentée , ou dorée , et en même temps la liberté de voler dans l'air comme dans leur ciel, de célébrer des mariages , de déposer leurs œufs , et ainsi de pourvoir à la propagation de leur espèce , et enfin de puiser des alimens doux et agréables dans les sucs et les parfums des fleurs.

80. Dans les articles précédens je n'ai pas encore parlé de la qualité des anges qui sont de cette terre ; car ceux qui viennent auprès des hommes de leur terre , et s'établissent près de leur tête , et dont il a été parlé ci-dessus , n° 73 , ne sont point des anges de leur ciel intérieur , mais ce sont des esprits angéliques ou des anges de leur ciel extérieur ; et comme il m'a été dé-

couvert de quelle qualité sont aussi ces anges, je puis rapporter
tout ce qu'il m'a été accordé d'en savoir. Un des esprits de Jupiter qui inspirent la crainte, s'appliqua à mon côté gauche,
sous l'aisselle, et parloit de là ; mais son langage étoit bruyant,
et ses paroles n'étoient pas bien distinctes et séparées, au point
qu'il me falloit attendre long-temps pour en pouvoir recueillir
le sens ; et, pendant qu'il me parloit, il entremêloit dans ses discours quelques mots pour inspirer de la crainte, m'avertissant
aussi de bien recevoir les anges quand ils viendroient à moi. Il
me fut donné de lui répondre que cela ne dépendoit pas de moi,
mais que tous étoient reçus chez moi selon ce qu'ils étoient eux-
mêmes. Bientôt des anges de cette terre vinrent, et il me fut
accordé de percevoir, d'après la manière dont ils me parlèrent,
qu'ils différoient entièrement des anges de notre terre ; car leur
langage étoit formé non par des paroles, mais par des idées qui
se répandoient de toute part dans mes intérieurs ; et de là aussi
elles avoient un influx sur le visage, de sorte que le visage con-
couroit à chaque idée, en commençant par les lèvres et conti-
nuant autour de leur circonférence. Ces idées, qui tenoient lieu
de paroles, étoient distinctes, mais fort peu. Ensuite ils me
parlèrent par des idées encore moins distinctes, de sorte que je
percevois à peine la moindre séparation : il y avoit dans ma
perception comme un sens de paroles tel qu'il est chez ceux qui
ne font attention qu'au sens abstractivement des mots. Ce langage étoit pour moi plus intelligible, et il étoit aussi plus plein
que le premier : il influoit sur le visage de la même manière que
le premier, mais l'influx étoit plus continu selon la qualité du
langage ; cependant il ne commençoit pas comme le premier,
par les lèvres, mais par les yeux. Ensuite ils me parlèrent plus
continuellement et plus pleinement, et alors le visage ne put y
concourir par un mouvement convenable ; mais l'influx se faisoit sentir sur mon cerveau, qui étoit agité de même. Enfin ils
me parlèrent de manière que leur discours tomboit seulement
sur mon entendement intérieur ; sa volubilité étoit comme celle
d'un souffle léger ; je sentois l'influx, mais non distinctement
en tout. Ces différentes espèces de langages peuvent être com-
parés à des fluides ; le premier étoit comme de l'eau courante ;
le second, comme une eau plus claire ; le troisième, comme une
atmosphère par rapport aux deux autres ; et le quatrième,
comme un souffle léger. L'esprit qui s'étoit appliqué à mon côté

gauche, et dont il est question ci-dessus, me parloit par intervalle, surtout pour m'avertir d'en agir modestement avec les
anges ; car il y avoit des esprits de notre terre qui insinuoient
des choses déplaisantes. Il me dit qu'il n'avoit pas compris
d'abord ce que les anges disoient, mais qu'ensuite, quand il
s'étoit approché de mon oreille gauche, il avoit compris. Alors
aussi il n'avoit pas un langage bruyant comme il étoit au commencement, mais tel que celui des autres esprits.

81. Ensuite je conversai avec les anges sur les choses les plus
remarquables de notre terre, particulièrement sur l'imprimerie,
sur la Parole, sur les divers points de doctrine de l'Eglise, tirées
de la Parole ; et je leur dis que cette Parole et ces points de
doctrine sont répandus, et qu'ainsi on les apprend. Ils étoient
dans la plus grande surprise que de telles choses pussent être
publiées par l'écriture et par l'impression.

82. Il m'a été donné de voir ce qui arrive quand les esprits de
cette terre, après avoir été préparés, sont enlevés dans le ciel
et deviennent anges. Alors paroissent des chars et des chevaux
brillans, comme s'ils étoient de feu, par lesquels ils sont enlevés
comme le fut Elie. Il paroît des chars et des chevaux brillans
comme s'ils étoient de feu, parce qu'il est représenté par là que
les esprits sont instruits et préparés pour entrer dans le ciel,
puisque les chars signifient les points de doctrine de l'Eglise, et
que les chevaux brillans signifient l'entendement éclairé. (ee)

83. Le ciel dans lequel ils sont enlevés paroît à la droite de
leur terre, et ainsi, séparé du ciel des anges de notre terre. Les
anges qui sont dans ce ciel paroissent vêtus d'azur resplen-
dissant, parsemés de petites étoiles d'or ; et cela parce que dans
le monde ils ont aimé cette couleur, et qu'ils ont cru aussi
qu'elle étoit la couleur céleste même, surtout parce qu'ils sont
dans un bien de l'amour tel que celui auquel cette couleur correspond. (ff)

_____

(ee) Les chars signifient les points de doctrine de l'Eglise, nos 2760.
5321. 8215. Les chevaux signifient l'intellectuel, nos 2760 à 2762. 3217.
5321. 6125. 6400. 6534. 7024. 8146. 8148. 8381. Le cheval blanc, dans
l'Apocalypse, signifie l'intelligence de la Parole, n° 2760. Dans le sens re-
présentatif, par Elie est signifiée la Parole, nos 2762. 5247. Et comme de
la Parole procède toute doctrine de l'Eglise et son intelligence, Elie est
appelé Char d'Israël et ses cavaliers, n° 2762. C'est pourquoi il fut enlevé
par un char de feu et des chevaux de feu, nos 2762. 8029.

(ff) La couleur azur résultant du rouge ou couleur de flamme, cor-

84. Je vis une tête chauve, mais seulement sa partie supérieure, qui est osseuse, et il me fut dit que c'est ce que voient
ceux qui doivent mourir dans l'année, et qu'alors ils se préparent. Sur cette terre, ils ne craignent la mort que parce qu'ils
quittent leurs femmes, leurs enfans ou leurs parens ; car ils
savent qu'après la mort ils vivront, et qu'ils ne sortent point
de la vie, parce qu'ils vont au ciel : aussi ne disent-ils pas que
mourir soit mourir, mais être admis dans le ciel. Ceux qui, sur
cette terre, ont vécu dans l'amour vraiment conjugal, et ont eu
soin de leurs enfans comme il convient à des pères et mères, ne
meurent point de maladies, mais tranquillement comme dans
un sommeil ; et c'est ainsi qu'ils passent du monde dans le ciel.
La durée de la vie des hommes de cette terre est ordinairement
de trente ans, selon les années de notre terre. La raison pour
laquelle ils meurent dans un espace de temps si court, c'est que
la Providence du Seigneur ne permet pas que les hommes s'y
multiplient au-delà du nombre qui peut être nourri par cette
terre ; et c'est aussi parce que, lorsqu'ils ont accompli ces
années, ils ne se laissent plus conduire par les esprits et par les
anges comme ceux qui ne les ont pas encore accomplies : c'est
pourquoi les esprits et les anges s'approchent rarement de ceux
qui ont passé cet âge. Ils parviennent à l'âge mûr plus promptement que les habitans de notre terre ; aussi dès la fleur de la
jeunesse ils se marient, et alors leurs délices sont d'aimer leurs
femmes et d'avoir soin de leurs enfans : les autres délices ils les
appellent bien délices, mais externes, par rapport aux premières.

DE LA TERRE OU PLANÈTE DE MARS, DE SES ESPRITS ET DE SES HABITANS.

85. Les esprits de Mars sont, entre les esprits des terres du
monde de notre soleil, les meilleurs de tous ; car ils sont, pour
la plus grande partie, comme des hommes célestes, n'ayant
rien en quoi ils diffèrent de ceux qui ont été de la très ancienne
Eglise sur notre terre (gg). Quand ils sont représentés tels qu'ils

---

respond au bien de l'amour céleste ; et l'azur résultant du blanc ou du
lumineux correspond au bien de l'amour spirituel, n° 9868.

(gg) La première et la plus ancienne Eglise sur notre terre fut une
Eglise céleste ; elle fut la principale de toutes, nos 607. 895. 920. 1121 à
1124. 2896. 4493. 8891. 9942. 10545. L'Eglise céleste est celle dans laquelle

sont, c'est le visage dans le ciel et le corps dans le monde des esprits ; et ceux qui sont leurs anges sont représentés le visage vers le Seigneur et le corps dans le ciel.

86. La planète de Mars apparoît, dans l'idée des esprits et des anges, comme les autres planètes, constamment à sa place, à la gauche en avant, à quelque distance dans le plan de la poitrine, et ainsi hors de la sphère où sont les esprits de notre terre. Les esprits d'une terre sont séparés des esprits d'une autre terre, parce que les esprits de chaque terre représentent quelque province particulière dans le Très Grand Homme (*voyez* la note *f*) : de là ils sont dans un état autre et différent, et c'est la différence d'état qui fait qu'ils paroissent séparés les uns des autres, soit à droite, soit à gauche, à une plus grande ou à une plus petite distance. (*hh*)

87. Des esprits de cette planète vinrent à moi, s'appliquèrent à ma tempe gauche, et là me souffloient leur langage ; mais je ne le comprenois point : il étoit d'une telle douceur, que je n'en avois pas encore senti un plus doux : c'étoit comme un courant d'air le plus pur. Il souffloit d'abord à ma tempe gauche et à mon oreille gauche par le haut, s'avançoit de là vers l'œil gauche, et insensiblement vers le droit; ensuite passoit, surtout de l'œil gauche, sur les lèvres, d'où, par le canal qui est à l'intérieur de la bouche, appelé la trompe d'Eustache, il entroit dans le cerveau. Quand ce souffle y fut parvenu, je compris leur langage, et il me fut accordé de converser avec eux. J'observois que, quand ils me parloient, mes lèvres se remuoient, et un peu aussi ma langue, et cela à cause de la correspondance du langage intérieur avec le langage extérieur. Le langage extérieur a un son articulé tombant sur la membrane externe de l'oreille, et de là, par le moyen des petits organes, des membranes et des fibres qui sont dans l'intérieur de l'oreille, est porté au cerveau. Par là il me fut donné de savoir que le langage des habitans de Mars est différent de celui des habitans de notre terre, c'est-à-dire non sonore, mais presque muet, s'in-

---

le principal est l'amour pour le Seigneur, et l'Eglise spirituelle est celle dans laquelle le principal est la charité envers le prochain, et la foi, n°s 3691. 6435. 9468. 9680. 9683. 9780.

(*hh*) Dans l'autre vie les distances sont des apparences réelles, qui sont présentées à la vue par le Seigneur selon les états des intérieurs des anges et des esprits, n°s 5604. 9104. 9440. 10146.

sinuant dans l'ouïe et dans la vue intérieure par la voie la plus courte; et que comme ce langage est tel, il est bien plus parfait, plus plein d'idées, ainsi, se rapprochant plus près du langage des esprits et des anges. L'affection même du langage chez eux est représentée sur le visage, et sa pensée dans les yeux; car la pensée et le langage, ainsi que l'affection et le visage, font un chez eux. Ils regardent comme infâme de parler autrement qu'on ne pense, de vouloir une chose et d'en montrer une autre sur le visage. Ils ne savent point ce que c'est que l'hypocrisie, ce que c'est que la feinte, la fraude et la fourberie. Que les très anciens qui ont été sur notre terre avoient un tel langage, c'est ce qu'il m'a été donné de savoir par une conversation que j'ai eue avec quelques uns d'entre eux dans l'autre vie; et, afin que la chose soit éclaircie, il m'est permis de rapporter ce que j'ai entendu, et que voici. « Il m'a été montré, par un influx « que je ne saurois décrire, quel a été le langage de ceux qui « étoient de la très ancienne Eglise : ce langage n'étoit point « articulé comme le langage des mots de notre temps, mais « muet; il se faisoit non par une respiration externe, mais par « une respiration interne : ainsi c'étoit un langage de pensées. « Il m'a été donné aussi de saisir quelle étoit leur respiration « interne; qu'elle alloit du nombril vers le cœur, et ainsi par « les lèvres, sans rien de sonore quand ils parloient; qu'elle « n'entroit point dans l'oreille d'un autre par la voie externe, « et ne frappoit pas sur ce qu'on appelle tympan de l'oreille; « mais qu'elle entroit par une certaine voie interne, c'est-à-dire « par ce qu'on appelle aujourd'hui la trompe d'Eustache. Il m'a « été montré que par un tel langage ils pouvoient exprimer « beaucoup plus pleinement les sentimens de l'âme et les idées « de la pensée, que jamais on ne le peut faire par des sons ar- « ticulés ou par des mots sonores; et ce langage est dirigé de « même par une respiration, mais externe; car il n'y a pas une « parole, et même il n'y a rien dans une parole, qui ne soit « dirigé par le moyen de la respiration, mais bien plus parfaite- « ment chez eux, parce que c'étoit par la respiration interne « qui, étant plus intérieure, est aussi plus parfaite, plus appli- « cable et plus conforme aux idées mêmes de la pensée; et en « outre par de petits mouvemens des lèvres et par les change- « mens correspondans du visage. En effet, comme ils étoient des « hommes célestes, tout ce qu'ils pensoient se manifestoit par

« leur visage et par leurs yeux, qui varioient d'une manière
« conforme, le visage quant à la forme selon la vie de l'affec-
« tion, et les yeux quant à la lumière. Jamais ils ne pouvoient
« présenter un autre visage que celui qui convenoit à ce qu'ils
« pensoient. Comme leur langage se faisoit par la respiration
« interne qui appartient à l'esprit même de l'homme, c'est pour
« cela qu'ils pouvoient être associés avec les anges, et leur
« parler. » La respiration des esprits de Mars m'a été aussi
communiquée (*ii*), et j'ai perçu que leur respiration alloit de la
région du thorax vers le nombril, et de là refluoit en haut par la
poitrine avec un souffle imperceptible vers la bouche. J'ai connu
évidemment par là, de même que par l'expérience, qu'ils étoient
d'un génie céleste ; ainsi, qu'ils n'étoient point différens de ceux
qui avoient été de la très ancienne Eglise sur notre terre.

88. J'ai été instruit que les esprits de Mars représentent, dans
le Très Grand Homme, le milieu entre l'intellectuel et le volon-
taire, ainsi LA PENSÉE PRODUITE PAR L'AFFECTION, et que ceux
qui sont les meilleurs d'entre eux représentent L'AFFECTION DÉ
LA PENSÉE. De là vient que leur visage fait un avec leur pensée,
et qu'ils ne peuvent feindre devant qui que ce soit. Et comme
c'est là ce qu'ils représentent dans le Très Grand Homme, la
province, qui est entre le cerveau et le cervelet, leur correspond ; car chez ceux dont le cerveau et le cervelet sont conjoints quant aux opérations spirituelles, le visage fait un avec
la pensée, de sorte que l'affection même de la pensée se manifeste sur le visage, et la pensée en général se manifeste par
l'affection, accompagnée de quelques signes dans les yeux.
C'est pourquoi, quand ces esprits étoient auprès de moi, je
sentois que la partie antérieure de ma tête se portoit vers l'occiput, ainsi le cerveau vers le cervelet. (*kk*)

89. Un jour que les esprits de Mars étoient auprès de moi et
occupoient la sphère de mon esprit, des esprits de notre terre y

---

(*ii*) Il y a une respiration dans les esprits et dans les anges, nos 3884.
3885. 3891. 3893.

(*kk*) Dans les temps anciens, sur notre terre, le visage de l'homme recevoit l'influx du cervelet, et alors le visage étoit d'accord avec les affections intérieures de l'homme ; mais par la suite des temps il reçut l'influx
du cerveau ; ce fut quand l'homme commença à déguiser et à feindre sur
ce visage des affections qui n'étoient pas les siennes : des changemens
opérés ainsi sur le visage par succession de temps, nos 4325 à 4328.

vinrent et vouloient s'insinuer aussi dans cette sphère; mais ils devinrent comme insensés : c'est parce qu'ils ne se convenoient nullement avec ceux de Mars ; car les esprits de notre terre représentent, dans le Très Grand Homme, le sens externe ; ainsi ils avoient l'idée tournée vers le monde et vers soi-même, tandis que les esprits de Mars avoient l'idée tournée loin de soi vers le ciel et vers le prochain : telle étoit la cause de cette contrariété. Mais alors arrivèrent des esprits angéliques de Mars; par leur approche la communication fut ôtée, et ainsi les esprits de notre terre se retirèrent.

90. Les esprits angéliques s'entretinrent avec moi sur la vie des habitans de leur terre : ils me dirent qu'ils ne vivent point sous des gouvernemens monarchiques, mais distingués en sociétés, les unes plus grandes, les autres plus petites; qu'ils s'associent ceux qui conviennent, selon la convenance du caractère, et qu'ils connoissent cela sur-le-champ par le visage et par le langage; qu'il est fort rare qu'ils s'y trompent, et qu'aussitôt qu'ils se connoissent ils sont amis. Ils me dirent aussi que leurs associations étoient agréables, et qu'entre eux ils ne parlent que des choses qui se passent dans les sociétés, et surtout de ce qui est dans le ciel; car plusieurs d'entre eux ont une communication manifeste avec les anges du ciel. Ceux qui dans leurs sociétés commencent à penser mal, et par conséquent à vouloir le mal, sont séparés; on les abandonne à eux seuls; ce qui les réduit à mener une vie malheureuse, hors de toute société, au milieu des rochers ou ailleurs; car on ne s'occupe plus d'eux. Quelques sociétés tentent de rappeler à résipiscence, par différens moyens, les esprits qui se sont ainsi égarés; mais quand elles n'y réussissent point, elles s'en séparent. Aussi ils prennent des précautions pour empêcher que la cupidité de la domination et la cupidité du gain ne se glissent parmi eux, c'est-à-dire pour empêcher que quelques uns, par la cupidité de la domination, ne se soumettent quelque société, et ensuite plusieurs autres, et que quelques uns, par la cupidité du gain, n'enlèvent les biens d'autrui. Chacun y vit content de ses biens, chacun y vit content de son honneur, parce qu'il jouit de la réputation d'être juste et d'aimer son prochain. Ce plaisir et cette tranquillité d'âme s'évanouiroient s'ils ne chassoient des sociétés ceux qui pensent au mal et veulent le mal, et s'ils ne prévenoient prudemment et sévèrement ces premiers commencemens de

l'amour de soi-même et de l'amour du monde ; car ce sont ces amours qui ont amené l'établissement des empires et des royaumes, dans lesquels il y en a peu qui ne veuillent dominer et posséder les biens des autres ; car il y en a peu qui pratiquent la justice et l'équité par l'amour de la justice et de l'équité ; il y en a encore moins qui fassent le bien par la charité même ; ce n'est que par la crainte de la loi et de la perte de la vie, des richesses, de l'honneur et de la réputation.

91. Touchant le culte divin des habitans de la terre de Mars, les esprits me dirent qu'ils reconnoissent et adorent notre Seigneur, disant que c'est lui qui est le seul Dieu, que c'est lui qui gouverne le ciel et l'univers, que tout bien vient de lui, et que c'est lui qui les conduit ; qu'il apparoît souvent chez eux sur la terre. Alors il me fut donné de leur dire que les chrétiens sur notre terre savent aussi que le Seigneur gouverne le ciel et la terre, suivant ces paroles du Seigneur, même dans Matthieu : « *Toute puissance m'a été donnée dans le ciel et sur la terre*, » xxviii. 18 ; mais qu'ils ne croient pas cela comme les habitans de la terre de Mars. Ils me dirent aussi qu'ils croient que chez eux il n'y a rien que d'impur et d'infernal, et que tout bien appartient au Seigneur ; que par eux-mêmes ils sont des diables, et que le Seigneur les tire de l'enfer, et continnellement les empêche d'y tomber. Un jour, que je prononçois le nom du Seigneur, je vis que ces esprits s'humilioient si intimement et si profondément qu'il m'est impossible de le décrire ; car dans leur humiliation ils avoient la pensée qu'ils sont par eux-mêmes dans l'enfer, et qu'ils sont absolument indignes de lever leurs regards sur le Seigneur, qui est la sainteté même. Ils étoient, par la foi, si profondément dans cette pensée, qu'ils se trouvoient comme hors d'eux-mêmes, et qu'ils y restèrent prosternés sur les genoux jusqu'à ce que le Seigneur les élevât, et alors les tirât comme de l'enfer. Quand ils se relèvent de cette humiliation, ils sont pleins de bien et d'amour, et conséquemment de la joie du cœur. Lorsqu'ils s'humilient ainsi, ils ne tournent pas le visage vers le Seigneur ; car ils ne l'oseroient pas alors ; mais ils le détournent. Les esprits qui étoient autour de moi disoient qu'ils n'avoient jamais vu une telle humiliation.

92. Quelques esprits de cette terre étoient surpris qu'il y eût autour de moi tant d'esprits montés des enfers, et qu'ils m'adressassent aussi la parole ; mais il me fut donné de leur ré—

pondre que cela leur étoit permis pour que je connusse quels ils étoient, pourquoi ils étoient en enfer, et que c'étoit selon leur vie. Il me fut aussi accordé de dire à ces esprits de Mars que, parmi ceux qui m'environnoient ainsi, il y en avoit plusieurs que j'avois connus pendant qu'ils vivoient dans le monde ; que quelques uns d'eux y avoient été constitués dans de grandes dignités, et qu'alors ils n'avoient rien eu à cœur que le monde ; mais que jamais aucun esprit méchant, même le plus infernal, ne pouvoit me porter quelque dommage, parce que j'étois continuellement défendu par le Seigneur.

93. Il fut présenté devant moi un habitant de la terre de Mars ; ce n'étoit pas véritablement un habitant, mais il lui étoit semblable : son visage étoit comme celui des habitans de notre terre ; mais la partie inférieure étoit noire, non par la barbe, car il n'en avoit pas, mais par une noirceur qui en tenoit lieu ; cette noirceur s'étendoit, des deux côtés, jusque sous les oreilles ; la partie supérieure de son visage étoit d'une nuance jaunâtre comme celui des habitans de notre terre qui ne sont pas entièrement blancs. Les esprits me dirent encore que les habitans de cette terre se nourrissent des fruits des arbres, et surtout d'un certain fruit rond qui sort de la terre, et en outre de légumes ; qu'ils font leurs vêtemens avec les fibres d'écorces de certains arbres, qui ont une telle consistance, qu'elles peuvent être tissues, et rendues solides par une espèce de gomme qui est chez eux. Ils me racontèrent, de plus, qu'ils savent faire des feux fluides, avec lesquels ils se donnent de la lumière le soir et la nuit.

94. Je vis une espèce de flamme très belle ; elle étoit de diverses couleurs, pourpre, ensuite rouge tirant sur le blanc ; ces couleurs jetoient un bel éclat par la flamme. Je vis en même temps comme une main, à laquelle cette flamme s'attacha, d'abord au-dessus, ensuite dans la paume ou creux, puis circula tout autour : cela dura quelque temps ; ensuite cette main s'éloigna à une certaine distance avec la flamme qui l'environnoit, et l'endroit où elle s'arrêta étoit lumineux ; c'est là que la main se retira. Alors cette flamme se changea en un oiseau qui avoit d'abord des couleurs semblables à celles de la flamme, et brilloient de même ; mais successivement ces couleurs changèrent, et avec elles la vigueur de la vie dans l'oiseau. Il voloit çà et là ; d'abord autour de ma tête, ensuite par devant, dans

un cabinet étroit qui ressembloit à un sanctuaire; à mesure
qu'il voloit plus en avant, la vie l'abandonnoit, et il fut, à la
fin, changé en pierre, d'abord de couleur de perle, ensuite de
couleur sombre; mais, quoiqu'il fût sans vie, il voloit toujours.
Quand il voloit autour de ma tête, et qu'il étoit encore dans la
vigueur de la vie, je vis un esprit s'élevant d'en bas par la région des lombes à celle de la poitrine; il vouloit de là enlever
l'oiseau; mais comme il étoit fort beau, les esprits qui étoient
autour de moi l'en empêchèrent; car ils avoient tous la vue
fixée sur l'oiseau; mais cet esprit qui s'étoit enlevé d'en bas
leur persuada fortement que le Seigneur étoit avec lui, et ainsi
qu'il agissoit par le Seigneur. Quoique la plupart ne le crussent
pas, néanmoins ils ne l'empêchèrent plus de prendre l'oiseau;
mais, parce que dans ce moment le ciel influoit, il ne put le
retenir, et bientôt il ouvrit la main pour lui rendre sa liberté.
Quand cela fut fini, les esprits qui étoient autour de moi, et
qui avoient considéré attentivement cet oiseau et ses changemens successifs, s'en entretinrent pendant long-temps; ils comprenoient qu'une telle vision ne pouvoit signifier que quelque
chose de céleste : ils savoient que la flamme signifie l'amour céleste et ses affections; que la main à laquelle s'étoit attachée
cette flamme signifie la vie et sa puissance, et les changemens
de couleurs, les variétés de la vie quant à la sagesse et à l'intelligence; qu'il en est de même de l'oiseau, avec la différence
que la flamme signifie l'amour céleste et tout ce qui appartient
à cet amour, et que l'oiseau signifie l'amour spirituel et tout ce
qui appartient à cet amour (l'amour céleste est l'amour pour
le Seigneur, et l'amour spirituel est la charité envers le prochain) (*voyez* la note *gg*); que les changemens de couleurs,
et en même temps de la vie dans l'oiseau jusqu'à l'instant qu'il
fut changé en pierre, signifient les changemens successifs de la
vie spirituelle quant à l'intelligence. Ils savoient aussi que les
esprits qui s'élèvent d'en bas par la région des lombes à la région
de la poitrine sont dans la forte persuasion qu'ils sont dans le
Seigneur, et qu'ainsi ils croient que tout ce qu'ils font, même
le mal, ils le font par la volonté du Seigneur. Cependant ils ne
pouvoient savoir par là qui étoient ceux que désignoit cette
vision : enfin ils apprirent du ciel que c'étoient les habitans de
Mars; que leur amour céleste, dans lequel étoient encore plusieurs d'entre eux, étoit signifié par la flamme qui s'étoit attachée

à la main, et que l'oiseau, au commencement, quand il étoit dans la beauté de ses couleurs et dans la vigueur de sa vie, signifioit leur amour spirituel; mais que cet oiseau, devenu comme pierre et sans vie, et enfin d'une couleur sombre, signifioit les habitans de cette planète qui se sont éloignés du bien de l'amour et sont dans le mal, mais qui croient cependant qu'ils sont dans le Seigneur. La même chose étoit signifiée par l'esprit qui s'élevoit et vouloit emporter l'oiseau.

95. Par l'oiseau devenu pierre étoient aussi représentés les habitans de cette terre, qui transforment d'une manière étrange la vie de leurs pensées et de leurs affections en une vie presque nulle; sur quoi voici ce que j'ai appris : Il y avoit au-dessus de ma tête un esprit qui me parloit : par le son de sa voix je sentis qu'il étoit comme dans un état de sommeil. Dans cet état il me dit plusieurs choses, et avec une telle prudence, qu'étant éveillé il n'en auroit pas montré davantage. Il me fut accordé de percevoir que cet esprit étoit un sujet par lequel les anges me parloient, et que dans cet état il saisissoit ce qui lui étoit inspiré et le produisoit (*ll*); car il ne me disoit que ce qui étoit vrai : si quelque chose lui influoit d'autre part, il le recevoit, mais ne le produisoit pas. Je l'interrogeai sur son état; il me répondit que cet état étoit pour lui un état pacifique, et qu'il étoit sans aucune sollicitude sur les choses à venir, et qu'en même temps il pratiquoit des usages par lesquels il avoit communication avec le ciel. Il m'a été dit que de tels esprits représentent, dans le Très Grand Homme, le *Sinus longitudinal*, qui est situé entre les deux hémisphères du cerveau, et que là ils sont dans un état tranquille, quelques agitations que le cerveau éprouve des deux côtés. Pendant que j'étois en conversation avec cet esprit, d'autres esprits se portèrent vers la partie antérieure de la tête, où il étoit, et ils le pressèrent : c'est pourquoi il se retira vers un des côtés, et leur céda la place. Ces esprits conversoient entre eux; mais ni les esprits qui étoient autour de moi, ni moi, ne comprenions ce qu'ils disoient. Je fus instruit par les anges que c'étoient des esprits de la terre de Mars, qui savent parler ainsi entre eux de manière que les autres esprits présens ne

---

(*ll*) C'est par des esprits envoyés des sociétés des esprits et des anges à d'autres sociétés, que se font les communications; et ces esprits émissaires sont appelés sujets, nos 4403. 5856. 5983 à 5989.

comprennent ni ne perçoivent rien. J'étois étonné qu'un tel langage pût avoir lieu, parce qu'il n'y a pour tous les esprits qu'un seul langage qui découle de la pensée et consiste dans les idées qui sont entendues comme des paroles dans le monde spirituel. Il m'a été dit que ces esprits forment d'une certaine manière des idées exprimées par les lèvres et par le visage, qui ne sont point intelligibles pour les autres, et que dans ce moment ils ont l'art de soustraire les pensées, en prenant garde surtout que rien de l'affection ne se manifeste, parce que si quelque chose de l'affection étoit perçu, alors la pensée se découvriroit; car la pensée découle de l'affection et comme dans l'affection. Je fus aussi instruit que les habitans de la terre de Mars qui font consister la vie céleste dans les connoissances seules, et non dans la vie de l'amour, se sont inventé un tel langage, non pas tous cependant, et qu'ils le conservent quand ils deviennent esprits. Ce sont ceux-là qui étoient spécialement signifiés par l'oiseau devenu pierre; car représenter le langage par des formes du visage et des mouvemens des lèvres, en écartant les affections et en soustrayant les pensées, c'est ôter l'âme au langage, c'est en faire comme un simulacre, et s'y rendre soi-même semblable par degrés. Mais quoiqu'ils pensent que ce qu'ils se disent entre eux n'est point compris par les autres, cependant les esprits angéliques perçoivent, en général et en particulier, tout ce qu'ils disent, parce qu'aucune pensée ne leur peut être soustraite. Cela aussi leur fut montré à eux-mêmes par une expérience frappante. Je pensois sur ce que les esprits méchans de notre terre ne sont affectés d'aucune honte quand ils infestent les autres : cela influoit dans moi par les esprits angéliques qui percevoient leur langage. Ces esprits de Mars reconnurent alors que c'étoit là ce dont ils s'entretenoient, et ils en furent surpris. En outre, un esprit angélique dévoila plusieurs choses qu'ils disoient et qu'ils pensoient, malgré tout ce que ceux-ci faisoient pour soustraire leurs pensées. Ensuite ces esprits influèrent d'en haut sur mon visage : je sentois cet influx comme une légère pluie en stries, ce qui étoit un signe qu'ils n'étoient pas dans l'affection du vrai et du bien; car c'est ce qui étoit représenté par la pluie en stries. Ils parlèrent alors ouvertement, et dirent que les habitans de leur terre parlent ainsi entre eux. Je leur dis que cela étoit mal, parce qu'ils fermoient ainsi les internes et se retiroient aux externes, qu'ils privoient aussi de leur vie, et surtout parce qu'il n'y avoit pas de sincérité à parler ainsi ; car ceux qui sont sincères veulent que ce qu'ils disent, et même ce qu'ils pensent, soit su des autres, même de tous, même de tout le ciel ; mais ceux qui ne veulent pas que les autres sachent ce qu'ils disent, jugent mal des autres, pensent mal des autres, et bien d'eux-mêmes, et enfin ils sont entraînés, par habitude, jusqu'à penser et parler mal de l'Eglise, du ciel, et enfin du Seigneur lui-même. Il leur fut dit que ceux qui aiment les connoissances, et non la vie selon ces connoissances, représentent dans le Très Grand Homme la membrane intérieure du crâne, et que ceux qui s'accoutument à parler sans affection, et à attirer vers eux la pensée et la soustraire aux autres, représentent cette membrane, mais devenue osseuse, parce qu'il n'y a en eux nulle vie spirituelle.

96. Comme par l'oiseau devenu pierre sont aussi représentés ceux qui sont dans les connoissances seules, et nullement dans la vie de l'amour, et comme il n'y a conséquemment en eux nulle vie spirituelle, c'est pour cela que, par forme d'appendix, je puis montrer ici que la vie spirituelle n'est qu'en ceux qui sont dans l'amour céleste, et par cet amour dans les connoissances, et que l'amour contient en soi toute connoissance qui appartient à cet amour. Prenons pour exemple les animaux de la terre, ainsi que les animaux du ciel, ou les oiseaux : ils ont la science de toutes les choses appartenant à leur amour : leurs amours sont de se nourrir, d'habiter en sûreté, de propager leur espèce, de nourrir leurs petits ; chez quelques uns, de se pourvoir pour l'hiver : ainsi ils ont toute la science requise ; car elle est dans ces amours, et elle influe dans ces amours comme dans ses réceptacles mêmes ; cette science est telle dans quelques animaux, que l'homme ne peut qu'en être stupéfait. Cette science est née avec eux, et est appelée instinct ; mais elle appartient à l'amour naturel dans lequel ils sont. Si l'homme étoit dans son amour, qui est l'amour pour Dieu et envers le prochain (cet amour est propre à l'homme, c'est par lui qu'il est distingué des bêtes, et c'est l'amour céleste), alors l'homme, non seulement seroit dans toute la science requise, mais aussi dans toute intelligence et dans toute sagesse ; car elles influeroient du ciel, c'est-à-dire du Divin par le ciel dans ces amours. Mais comme l'homme ne naît point dans ces amours, mais dans les amours contraires, qui sont les amours de soi même

et du monde, c'est pour cela qu'il ne se peut faire autrement qu'il ne naisse dans une complète ignorance ; néanmoins, par des moyens divins, il est conduit à quelque intelligence et quelque sagesse, mais jamais réellement à quelque intelligence et quelque sagesse, à moins que les amours de soi et du monde ne soient éloignés, et que par-là ne s'ouvre la voie pour l'amour envers Dieu et envers le prochain. Que l'amour envers Dieu et l'amour envers le prochain ont en soi toute intelligence et toute sagesse, la preuve en est dans ceux qui ont été dans ces amours quand ils vivoient dans le monde : lorsqu'après la mort ils vont dans le ciel, ils y savent et comprennent des choses qu'ils n'avoient jamais connues auparavant ; de plus, ils y pensent et parlent comme les autres anges, et sur des choses que l'oreille n'a jamais entendues, que l'esprit n'a jamais sues, et qui sont ineffables ; c'est parce que ces amours ont en eux la faculté de recevoir toutes ces choses.

DE LA TERRE OU PLANÈTE DE SATURNE, DE SES ESPRITS ET DE SES HABITANS.

97. Les esprits de cette terre, où est la terre elle-même, paroissent par-devant à une distance remarquable, au-dessous, dans le plan des genoux ; et quand l'œil s'ouvre vers cet endroit, il se présente à la vue une multitude d'esprits qui tous sont de cette terre ; ils sont vus de cette partie de cette terre, et vers sa droite. Il m'a été donné aussi de converser avec eux, et par-là de connoître quels ils sont par rapport aux autres esprits. Ils ont de la probité et de la modestie ; et, comme ils s'estiment petits, voilà pourquoi dans l'autre vie ils paroissent petits.

98. Dans leur culte ils sont de la plus grande humilité ; car ils s'y regardent comme rien. Ils adorent notre Seigneur, et le reconnoissent pour Dieu unique. Le Seigneur leur apparoît quelquefois sous une forme angélique, ainsi comme homme, et alors le Divin éclate sur son visage, et affecte leur âme. Les habitans aussi, quand ils arrivent à un certain âge, conversent avec les esprits, par qui ils sont instruits sur le Seigneur, et sur la manière dont il doit être adoré, et dont on doit vivre. Quand quelques esprits veulent séduire ceux qui sont de cette terre, et les détourner de la foi au Seigneur, ou

de l'humiliation où ils sont à son égard, et de la probité de la vie, ils disent qu'ils veulent mourir. Il paroît aussitôt dans leurs mains de petits couteaux, avec lesquels ils semblent vouloir se frapper la poitrine. Quand on leur demande pourquoi ils agissent ainsi, ils répondent qu'ils aiment mieux mourir que d'être détournés du Seigneur. Les esprits de notre terre se moquent quelquefois d'eux pour cela, et les accablent d'injures, parce qu'ils se conduisent ainsi; alors ils répondent qu'ils savent bien qu'ils ne se tuent point, mais que cela est seulement une apparence qui découle de la volonté de leur âme, parce qu'ils aiment mieux mourir que d'être arrachés au culte du Seigneur.

99. Ils me dirent qu'il vient quelquefois à eux des esprits de notre terre, qui leur demandent quel Dieu ils adorent; auxquels ils répondent qu'ils sont insensés, et qu'il ne peut y avoir de plus grande folie que de demander quel Dieu quelqu'un adore, tandis qu'il y a un Dieu unique pour tous dans l'univers; et qu'ils sont encore plus insensés en ce qu'ils ne disent pas que le Seigneur est un Dieu unique, qu'il gouverne tout le ciel, et conséquemment tout le monde; car celui qui gouverne le ciel, gouverne aussi le monde, parce que le monde est gouverné par le ciel.

100. Ils me dirent aussi qu'il y avoit sur leur terre des habitans qui appellent Seigneur la lumière nocturne, qui est grande; mais ils sont séparés des autres, et ne sont pas soufferts parmi eux. Cette lumière nocturne vient du grand anneau qui environne cette terre à une certaine distance, et des lunes qui sont appelées satellites de Saturne.

101. Ils me racontèrent qu'un autre genre d'esprits, qui vont en troupe, viennent fréquemment chez eux, désirant savoir ce qui s'y passe; que ces esprits parviennent, par divers moyens, à leur faire dire ce qu'ils savent. Ils ajoutèrent que ces esprits sont insensés sur ce point qu'ils ne désiroient savoir pour d'autre usage que de savoir. Ensuite ils furent instruits que ces esprits sont de la planète de Mercure, ou de la terre la plus proche du soleil, et que les connoissances seules font leurs délices, et nullement les usages de ces connoissances.

102. Les habitans et les esprits de la planète de Saturne représentent dans le Très Grand Homme LE SENS INTERMÉDIAIRE ENTRE L'HOMME SPIRITUEL ET L'HOMME NATUREL, mais celui

qui s'éloigne du naturel et s'approche du spirituel : de là vient
que ces esprits paroissent être enlevés ou ravis dans le ciel , et
aussitôt renvoyés ; car tout ce qui appartient au sens spirituel
est dans le ciel, et tout ce qui appartient au sens naturel est au-
dessous du ciel. Comme les esprits de notre terre représentent
dans le Très Grand Homme le sens naturel et corporel, il m'a
été accordé de savoir , par une expérience manifeste , comment
l'homme spirituel et l'homme naturel combattent et luttent entre
eux , quand le dernier n'est pas dans la foi et dans la charité.
Les esprits de la terre de Saturne apparurent au loin ; alors il
se fit entre eux et les esprits de notre terre, qui étoient sans
foi et sans charité, une vive communication. Les esprits de
notre terre, ayant ainsi reconnu ceux de la terre de Saturne,
devinrent comme insensés, et ils commencèrent à les infester
en proférant des choses indignes contre la foi , et même contre
le Seigneur ; et pendant qu'ils lançoient des invectives et des
injures , ils se jetèrent au milieu d'eux , et , par la folie qui les
possédoit, ils faisoient tous leurs efforts pour leur causer du
mal. Mais les esprits de Saturne ne craignoient rien , parce
qu'ils étoient dans un état de sûreté et de tranquillité. Cependant ces esprits de notre terre , quand ils étoient au milieu de
ceux de Saturne , commençoient à être tourmentés et à res-
pirer avec peine : c'est pourquoi ils se jetèrent l'un d'un côté ,
l'autre de l'autre , et disparurent. Par-là les esprits qui étoient
présens , comprirent ce que c'est que l'homme naturel séparé
du spirituel, c'est-à-dire qu'il devient insensé quand il entre
dans la sphère spirituelle. En effet, l'homme naturel , séparé
du spirituel , n'est sage que par le monde , et nullement par
le ciel : or , celui qui n'est sage que par le monde ne croit que
ce que les sens saisissent ; et ce qu'il croit il le croit d'après
les illusions des sens , qui ne produisent que des faussetés , si
elles ne sont repoussées par l'influx du monde spirituel ; de là
vient que les vérités spirituelles ne sont rien pour lui , tellement qu'à peine peut-il soutenir d'entendre prononcer le mot
de spirituel : c'est pourquoi de tels esprits sont saisis de folie
quand ils sont retenus dans la sphère spirituelle. Il en est autrement quand ils vivent dans le monde : alors ou ils pensent d'une
manière naturelle des choses spirituelles, ou ils détournent
l'oreille , c'est-à-dire qu'ils écoutent et ne font aucune attention. Par cette expérience , il m'a été aussi prouvé que l'homme

naturel ne peut se porter, c'est-à-dire s'élever à l'homme spirituel; mais que quand l'homme est dans la foi, et que par là il est dans la vie spirituelle, l'homme spirituel influe dans le naturel, et pense en lui; car il y a un influx spirituel, c'està-dire qui vient du monde spirituel dans le monde naturel, mais non reciproquement. (*mm*)

103. Je fus aussi informé par les esprits de cette terre, touchant ses habitans, leurs sociétés, et plusieurs autres choses. Ils me dirent qu'ils vivent distingués en familles, chaque famille séparée d'une autre, ainsi le mari et l'épouse avec leurs enfans; et que ces enfans, quand ils se marient, sont séparés de la maison de leurs père et mère, et ne s'en occupent plus: c'est pourquoi les esprits de cette terre apparoissent deux à deux, qu'ils sont peu inquiets de la nourriture et de l'habillement, vivent des fruits et des légumes que leur terre produit, se couvrent légèrement, parce qu'ils sont revêtus d'une peau épaisse, ou tunique, qui les garantit du froid; en outre, que tous sur leur terre savent qu'ils vivront après la mort; que par conséquent ils ne font cas de leur corps qu'autant qu'ils le font pour la vie, qui, comme ils disent, leur restera et servira le Seigneur; que c'est pour cela aussi qu'ils n'ensevelissent point le corps des morts, mais le laissent sur terre et le couvrent de branches d'arbres des forêts.

104. Je les interrogeai sur cette grande ceinture, appelée anneau, qui, de notre terre, paroît s'élever au-dessus de l'horizon de leur planète, et changer de position. Ils me répondirent qu'il ne leur paroissoit point comme un anneau, mais seulement comme quelque chose de blanc de neige dans le ciel, et dont la direction varioit.

DE LA TERRE OU PLANÈTE DE VÉNUS, DE SES ESPRITS ET DE SES HABITANS.

105. La planète de Vénus, dans l'idée des esprits, et des anges, apparoît à la gauche, un peu en arrière, à quelque

---

(*mm*) Il y a un influx spirituel, et non un influx physique ou naturel; conséquemment il y a un influx du monde spirituel dans le naturel, et non du monde naturel dans le spirituel, n⁰ˢ 3219. 5119. 5259. 5427. 5428. 5477. 6322. Il semble qu'il y a un influx des externes dans les internes de l'homme; mais c'est une illusion, n° 3721.

distance de notre terre. Je dis, dans l'idée des esprits, parce
que le soleil du monde ne paroît à aucun esprit, non plus qu'aucune planète ; mais les esprits ont seulement l'idée qu'ils existent.
D'après la seule idée sur l'existence de ces planètes, le soleil
du monde se présente à eux par derrière comme quelque chose
de sombre, et les planètes non errantes, comme dans le monde,
mais constamment dans leurs places ; voyez ci-dessus n° 42.

106. Sur la planète de Vénus il y a deux espèces d'hommes,
de caractères opposés. Il y en a qui sont doux et humains, et
il y en a qui sont impitoyables et presque féroces ; ceux qui
sont doux et humains paroissent dans une partie de cette terre ;
ceux qui sont impitoyables et féroces paroissent dans la partie
qui regarde de ce côté. Mais il faut savoir qu'ils paroissent
ainsi selon les états de leur vie ; car c'est l'état de la vie qui présente toute apparence d'espace et de distance sur cette terre.

107. Quelques uns de ceux qui paroissent dans l'une de ces
parties de la planète, et qui sont doux et humains, vinrent à
moi et se firent voir au-dessus de ma tête : je conversai avec
eux sur différens sujets. Entre autres choses, ils me dirent que,
quand ils vivoient dans le monde, ils avoient reconnu, et qu'à
présent, plus que jamais, ils reconnoissoient Notre-Seigneur
pour leur Dieu unique ; qu'ils l'avoient vu sur leur terre, et
ils me représentèrent aussi comment ils l'avoient vu. Ces esprits,
dans le Très Grand Homme, représentent *la mémoire des choses*
matérielles concordantes avec la mémoire des choses immaté-
rielles, que les esprits de Mercure représentent. C'est pourquoi
les esprits de Mercure sympathisent parfaitement avec ces esprits
de Vénus ; et par cette raison quand ils étoient ensemble, je
sentis par leur influence un changement remarquable et une
forte opération dans mon cerveau ; voyez ci-dessus n° 43.

108. Je n'ai jamais conversé avec les autres esprits qui sont
dans la partie qui est de ce côté, et qui sont impitoyables et
féroces ; mais les anges m'ont raconté quel étoit leur caractère
et d'où leur vient cette nature si féroce, c'est-à-dire qu'ils se
délectent beaucoup dans les rapines, et que leur plus grand
plaisir est de se nourrir de ce qu'ils pillent. Leur plaisir, quand
ils pensent à se nourrir de leurs rapines, m'a été communiqué,
et j'ai senti qu'il étoit extrême. Qu'il y a eu aussi sur notre terre
des habitans de cette nature féroce, cela se prouve par les his-
toires des différentes nations, ainsi que par les habitans de la

terre de Canaan, I. Sam. xxx. 16; et aussi par la nation ju-
daïque et israélite, même dans le temps de David; puisqu'ils
faisoient chaque année des excursions, pilloient les nations, et
trouvoient leur plaisir à se nourrir du butin qu'ils avoient fait.
Il m'a été dit aussi que ces habitans sont, quant à la plus grande
partie, des géans, et que les hommes de notre terre n'attein-
droient qu'à leur nombril; qu'ils sont stupides, ne s'inquiètent
ni du ciel ni de la vie éternelle, et s'occupent uniquement de
leur terre et de leurs troupeaux.

109. Comme ils sont tels même quand ils viennent dans l'autre
vie, ils y sont infestés excessivement par les maux et par les faussetés. Les enfers qui leur sont destinés paroissent auprès de leur
terre et ne communiquent point avec les enfers des méchans de
notre terre, parce qu'ils sont d'un génie et d'un caractère absolument différent : de là aussi leurs maux et leurs faussetés sont
d'un tout autre genre.   •

110. Mais ceux qui sont tels qu'ils puissent être sauvés, sont
dans des lieux de dévastation, et y sont réduits à un extrême
désespoir; car les maux et les faussetés de ce genre ne peuvent
pas autrement être domptés et écartés. Quand ils sont réduits à
cet état de désespoir, ils crient qu'ils sont des bêtes, des objets
d'abomination et de haine, et qu'ainsi ils sont damnés. Quelques uns d'eux, quand ils sont dans un tel état, crient aussi
contre le ciel; mais ces cris leur sont pardonnés, parce qu'ils
leur sont arrachés par le désespoir. Le Seigneur modère cette
démence, afin qu'ils ne se répandent pas en reproches au-delà
des bornes fixées. Quand ils ont extrêmement souffert, les
choses corporelles étant alors comme mortes en eux, ils sont
enfin sauvés. Il m'a aussi été dit d'eux que, quand ils vivoient
sur leur terre, ils croyoient en un souverain créateur sans médiateur; mais que, quand ils sont sauvés, ils sont instruits
aussi que le Seigneur est le seul Dieu sauveur et médiateur. J'ai
vu quelques uns d'eux enlevés dans le ciel après avoir extrêmement souffert; et, quand ils y ont été reçus, je remarquai une
telle tendresse de joie en eux, qu'elle me tira les larmes des yeux.

DES ESPRITS ET DES HABITANS DE LA LUNE.

111. Quelques esprits parurent au-dessus de ma tête, et de
là j'entendis des voix comme des tonnerres; car leurs voix ne

tonnoient pas autrement que comme le roulement du tonnerre
après l'éclair : je croyois que c'étoit une multitude immense
d'esprits qui avoient l'art de faire entendre des paroles avec un
tel fracas. Les esprits les plus simples, qui étoient auprès de
moi, se moquoient d'eux : j'en étois fort surpris. Bientôt je découvris le motif de cette dérision : c'est que ces esprits qui tonnoient étoient en petit nombre, et petits aussi comme des enfans,
et qu'ils leur avoient d'abord imprimé de la terreur par de tels
sons ; et cependant ils ne pouvoient leur faire aucun mal. Afin
que je connusse quels ils étoient, quelques uns descendirent
d'en haut, où ils tonnoient ; et ce qui me surprit, l'un portoit
l'autre sur son dos, et ainsi ils approchoient de moi deux à deux.
Ils paroissoient avoir un visage assez beau, mais plus allongé
que celui de tous les autres esprits ; ils avoient la taille d'un enfant de sept ans, mais un corps plus robuste : ainsi c'étoit de
petits hommes. Il me fut dit par les anges que c'étoient des
esprits de la Lune. Celui qui étoit porté par l'autre venoit à
moi, s'appliquant à mon côté gauche, sous l'aisselle, et de là
il parloit. Il me dit que quand ils font entendre leur voix ils
tonnent ainsi, et que par ce moyen ils portent la terreur dans
ceux qui veulent leur faire du mal ; qu'ils en mettent quelques uns en fuite, et vont ainsi partout où ils veulent en sûreté.
Pour me convaincre qu'un tel son sortoit d'eux, il s'éloigna de
moi et se retira vers quelques autres ; mais non entièrement
hors de ma vue, et il tonna comme il avoit déjà fait. Ils me
montrèrent de plus que leur voix tonnoit ainsi en sortant de
l'abdomen comme celle d'un vent poussé hors des entrailles. Je
perçus que c'étoit là la cause de ce tonnerre, parce que les habitans de la Lune ne parlent point du poumon comme les habitans des autres terres, mais de l'abdomen, et conséquemment à
l'aide de l'air qui y est renfermé : la raison est que la lune n'est
point entourée d'un semblable atmosphère que les autres
terres. J'ai été instruit que les esprits de la Lune représentent,
dans le Très Grand Homme, le cartilage scutiforme ou xiphoïde,
auquel sont annexées les côtes par devant, et d'où descend
l'aponévrose ou ligne blanche, qui est le soutien des muscles
de l'abdomen.

112. Les esprits et les anges savent qu'il y a aussi dans la
Lune des habitans comme dans les lunes ou les satellites autour
de la terre de Jupiter et de la terre de Saturne. Ceux qui n'en

ont point vu des esprits, et qui n'ont point conversé avec eux, ne doutent point pour cela qu'il n'y ait aussi des hommes sur ces lunes, parce qu'elles sont également des terres; et que partout où il y a une terre, il y a des hommes; car l'homme est la fin pour laquelle la terre existe, et rien n'a été fait par le souverain Créateur sans une fin. Que la fin de la création est le genre humain, pour que du genre humain soit formé le ciel, cela est évident pour quiconque pense d'après sa raison tant soit peu éclairée.

DES MOTIFS POUR LESQUELS LE SEIGNEUR A VOULU NAÎTRE SUR NOTRE TERRE, ET NON SUR UNE AUTRE.

113. Qu'il a plu au Seigneur de naître et de prendre l'humanité sur notre terre, il y a eu pour cela plusieurs motifs dont j'ai été informé du ciel. Le MOTIF PRINCIPAL *a été pour la Parole, parce qu'elle a pu être écrite sur notre terre; parce qu'étant écrite, elle a pu ensuite être publiée sur toute la terre; et parce qu'étant une fois publiée, elle a pu être conservée et transmise à la postérité; et enfin parce qu'ainsi il a pu être manifesté, même à tous ceux qui sont dans l'autre vie, que Dieu s'est fait homme.*

114. *Que le motif principal a été pour la Parole,* c'est parce que la Parole est le Divin vrai lui-même, puisqu'elle enseigne à l'homme qu'il y a un Dieu, qu'il y a un ciel et un enfer, qu'il y a une vie après la mort; et parce qu'elle enseigne, en outre, comment l'homme doit vivre et croire pour aller dans le ciel et y être éternellement heureux. Toutes ces choses, sans la révélation, ainsi sur cette terre sans la Parole, auroient été entièrement ignorées; et cependant l'homme a été créé de telle sorte qu'il ne peut mourir quant à ses intérieurs. (*nn*)

115. *Que la Parole a pu être écrite sur notre terre,* c'est parce que l'art d'écrire y a existé dès le temps le plus ancien, d'abord sur l'écorce, ensuite sur le parchemin, enfin sur le

---

(*nn*) Par la seule lumière naturelle on ne sait rien sur le Seigneur, sur le ciel et l'enfer, sur la vie de l'homme après la mort, ni sur les divines vérités par lesquelles est donnée à l'homme la vie spirituelle et éternelle, n⁰ˢ 8944. 10318 à 10320. Cela est évident en ce que plusieurs, et parmi eux des savans, ne croient point ces vérités, quoiqu'ils soient nés dans les lieux où est la Parole, et que par elle ils aient l'instruction sur ces vérités, n⁰ 10319. Il a donc été nécessaire qu'il y eût une révélation venant du ciel, puisque l'homme est né pour le ciel, n⁰ 1775.

papier, et en dernier lieu elle a pu être publiée et répandue par l'imprimerie. Il a été pourvu à ces moyens par la providence du Seigneur, pour la Parole.

116. *Qu'ensuite la Parole a pu être publiée sur toute notre terre*, c'est parce que le commerce entre toutes les nations y est établi non seulement par les voyages, mais même par les navigations, dans toutes les parties du globe : par ce moyen la Parole, une fois écrite, a pu être transportée d'une nation à une autre, et être enseignée partout.

117. *Que la Parole, une fois écrite, a pu être conservée et transmise à la postérité,* par conséquent pendant des milliers et milliers d'années ; et il est notoire aussi qu'elle a été conservée.

118. *Qu'ainsi il a pu être manifesté que Dieu s'est fait homme ;* car c'est là le but principal et le plus essentiel pour lequel existe la Parole : en effet personne ne peut croire en Dieu et aimer Dieu, quand il ne peut le comprendre sous quelque forme. Aussi ceux qui le reconnoissent comme un être invisible, et conséquemment incompréhensible, tombent par la pensée dans la nature, et par là ne croient en aucun Dieu. C'est pourquoi il a plu au Seigneur de naître sur cette terre, et de manifester cela par sa Parole, afin que non seulement elle fût connue sur ce globe, mais même qu'elle fût par là *manifestée aux esprits et aux anges des autres terres, comme aux Gentils de la nôtre.* (oo)

119. Il faut savoir que la Parole que le Seigneur a donnée sur notre terre par le ciel, est l'union du ciel et du monde; que pour cette fin il y a une correspondance de toutes les choses qui sont dans la lettre de la Parole avec les choses divines qui sont dans le ciel; et que la Parole, dans son sens suprême et intime, traite du Seigneur, de son règne dans les cieux et sur les terres, ainsi que de l'amour et de la foi par lui et en lui, par conséquent de la vie par lui et en lui : telles sont les choses qui se présentent aux anges dans le ciel, quand la Parole de notre terre est lue et prêchée. (*pp*)

(oo) Dans l'autre vie, les Gentils sont instruits par les anges, et ceux qui ont bien vécu selon leur religion reçoivent les vérités de la foi et reconnoissent le Seigneur, nos 2049. 2595. 2598. 2600 à 2603. 2661. 2863. 3263.

(*pp*) La Parole est comprise dans les cieux par les anges autrement qu'elle ne l'est sur les terres par les hommes, et pour ceux-là il y a un sens interne spirituel, et pour ceux-ci un sens externe ou naturel, nos 1769 à 1772. 1887. 2143. 2333. 2396. 2540 à 2545. 2551. C'est la Parole qui fait l'union

120. Sur toute autre terre le divin vrai est manifesté seulement de bouche par les esprits et par les anges, comme je l'ai expliqué dans les articles précédens, où j'ai parlé des habitans des terres dans ce monde solaire : mais cette manifestation se fait dans les familles dans la plupart de ces terres ; car le genre humain qui y habite est distingué par familles. C'est pourquoi le divin vrai, ainsi révélé par les esprits et par les anges, ne s'étend pas loin au-delà de l'enceinte des familles ; et si une nouvelle révélation ne succédoit à l'ancienne, le divin vrai s'altéreroit et périroit. Il en est autrement sur notre terre, où le divin vrai, qui est la Parole, demeure perpétuellement dans son intégrité.

121. Il faut savoir que le Seigneur reconnoît et reçoit, de quelques terres qu'ils soient, tous ceux qui reconnoissent et adorent un Dieu sous la forme humaine, parce que Dieu sous la forme humaine est le Seigneur. Et comme le Seigneur apparoît aux habitans de toutes les terres dans une forme angélique, qui est la forme humaine, c'est pour cela que, quand les esprits et les anges de ces terres entendent dire par les esprits et par les anges de notre terre que Dieu est réellement homme, ils reçoivent cette Parole, la reconnoissent, et sont ravis de joie que cela soit ainsi.

122. Aux motifs exposés ci-dessus, ajoutez que les habitans et les esprits de notre terre représentent, dans le Très Grand Homme, le sens naturel et externe ; or ce sens naturel et externe est le dernier terme sur lequel finissent les intérieurs de la vie, et dans lequel ils se reposent comme dans leur centre commun. Il en est de même du divin vrai dans la lettre qui est appelée la Parole, laquelle, pour cette raison aussi, a été donnée sur cette terre, et non sur une autre (*qq*). Et comme

---

du ciel et de la terre, nos 2310. 2495. 9212. 9216. 9357. 10375. Voilà pourquoi la Parole est écrite par pures correspondances, nos 1404. 1408. 1409. 1540. 1619. 1659. 1709. 1783. 8615. 10687. Dans le sens intime de la Parole il s'agit uniquement du Seigneur et de son royaume, nos 1873. 2249. 2523. 7014. 9357.

(*qq*) Dans le sens de la lettre la Parole est naturelle, no 8783. La raison, c'est que le naturel est le dernier où s'arrêtent les choses spirituelles et les célestes, et sur lequel elles subsistent comme sur leur fondement ; autrement, le sens interne ou spirituel de la Parole, sans un sens externe ou naturel, seroit comme une maison sans fondement, nos 9430. 9433. 9824. 10044. 10436.

le Seigneur est la Parole, le premier et le dernier de cette Parole, afin que toutes choses existassent selon l'ordre, il a voulu aussi naître sur cette terre et y devenir la Parole, selon ces passages de Jean : *Au commencement étoit la Parole, et la Parole étoit avec Dieu, et Dieu étoit la Parole. Elle étoit au commencement avec Dieu : toutes choses ont été faites par elle, et rien de ce qui a été fait n'a été fait sans elle. Et la Parole a été faite chair et elle a habité parmi nous, et nous avons vu sa gloire, la gloire comme du Fils unique du Père. Nul n'a jamais vu Dieu; c'est le Fils unique qui est dans le sein du Père, qui l'a manifesté;* I. 1 à 4. 14. 18. La Parole, c'est le Seigneur quant au divin vrai, ainsi le divin vrai qui procède du Seigneur (*rr*). Mais c'est là un mystère qui n'entra dans l'entendement que d'un petit nombre.

(*rr*) La Parole est le Seigneur quant au divin vrai; conséquemment elle est le divin vrai procédant du Seigneur, nos 2859. 4692. 5075. 9987. C'est par le divin vrai que toutes choses ont été créées et faites, nos 2803. 2884. 5272. 7835.

DES

TERRES DANS LE CIEL ASTRAL.

INTRODUCTION.

123. Ceux qui sont dans le ciel peuvent parler et converser non seulement avec les anges et les esprits qui sont des terres de ce monde solaire, mais même avec ceux qui sont des terres hors de ce monde dans l'univers; et non seulement avec les esprits et les anges qui sont sur ces terres, mais aussi avec les habitans eux-mêmes; cependant ils ne le peuvent qu'avec ceux dont les intérieurs sont ouverts, pour qu'ils puissent entendre ceux qui leur parlent du ciel. La même chose est possible aussi à l'homme quand il vit dans le monde, s'il lui a été donné par le Seigneur de converser avec les esprits et les anges; car l'homme est esprit quant à ses intérieurs; le corps qu'il traîne dans le monde ne lui sert que pour les fonctions qu'il faut remplir dans cette sphère naturelle ou terrestre, qui est la dernière. Mais il n'est accordé de parler comme esprit avec les anges et les esprits qu'à celui qui est tel qu'il peut être associé avec les anges quant à la foi et à l'amour; et nul ne peut leur être associé, à moins qu'il n'ait la foi et l'amour pour le Seigneur; car l'homme est conjoint par la foi et l'amour pour le Seigneur, c'est-à-dire par les vérités de la doctrine et par les biens de la vie, procédant du Seigneur même; et quand il est ainsi conjoint, il est à l'abri de toute attaque des esprits méchans qui montent des enfers. Chez les autres les intérieurs ne peuvent jamais s'ouvrir à ce point, parce qu'ils ne sont point dans le Seigneur: voilà pourquoi il y en a si peu aujourd'hui à qui il soit accordé de parler et de converser avec les anges. Ce qui le prouve évidemment, c'est qu'aujourd'hui à peine croit-on qu'il y a des esprits et des anges; que moins encore croit-on qu'il y en a auprès de chaque homme, et que par eux l'homme est lié avec le ciel, et par le ciel avec le Seigneur; et que l'on croit

encore bien moins que l'homme, lorsqu'il meurt quant à son corps, vit esprit, même dans la forme humaine, comme précédemment.

124. Comme aujourd'hui dans l'Eglise il y en a beaucoup qui n'ont aucune foi sur la vie après la mort, et qui n'en ont presque point sur le ciel, et croient à peine que le Seigneur soit le Dieu du ciel et de la terre, c'est pour cela que les intérieurs de mon esprit ont été ouverts par le Seigneur, pour que je puisse, tandis que je suis dans mon corps, être en même temps avec les anges dans le ciel, et non seulement converser avec eux, mais aussi y voir ses merveilles et les décrire, de peur que par la suite ces incrédules ne disent : Qui est-ce qui est venu du ciel vers nous, et nous a raconté qu'il existe et ce qui s'y passe ? Mais je sais que ceux qui du fond du cœur ont d'abord nié le ciel et l'enfer, ainsi que la vie après la mort, se confirmeront aussi contre ces vérités et les nieront ; car il est plus aisé de rendre blanc un corbeau que de faire croire ceux qui du fond de leur cœur ont une fois rejeté la foi ; c'est parce qu'ils pensent toujours à de telles choses pour les nier, et non pour les affirmer. Néanmoins que tout ce que j'ai dit jusqu'ici, et ce que j'ai encore à dire sur les anges et sur les esprits, soit pour le petit nombre de ceux qui sont dans la foi. Mais afin que tous les autres soient aussi conduits à quelque reconnoissance de ces vérités, il m'a été accordé de rapporter des choses qui plaisent à l'homme avide de science, et qui piquent sa curiosité ; et ce seront maintenant celles qui seront dites touchant les terres dans le ciel astral.

125. Celui qui ne sait point les arcanes du ciel ne peut croire qu'il soit possible à l'homme de voir des terres si éloignées, et d'en rapporter quelque chose d'après l'expérience de ses sens ; mais qu'il sache que les espaces et les distances, et conséquemment les marches qui ont lieu dans le monde naturel, sont, dans leur origine et première cause, les changemens de l'état des intérieurs, et qu'ils paroissent chez les anges et les esprits selon ces changemens (*ss*) ; qu'ainsi les esprits et les anges peuvent

---

(*ss*) Les mouvemens, les marches et les changemens de lieu, dans l'autre vie, sont les changemens d'état des intérieurs de la vie, et néanmoins il paroît aux esprits et aux anges que ces changemens, ces marches et ces mouvemens existent réellement, n°s 1273 à 1277. 1377. 3356. 5606. 10734.

par ce moyen être transportés en apparence d'un lieu dans un autre, d'une terre à une autre, et même jusqu'aux terres qui sont aux extrémités de l'univers. Il en est de même de l'homme quant à son esprit, son corps demeurant toujours dans sa même place. C'est ce qui m'est arrivé, parce que par la divine miséricorde du Seigneur il m'a été accordé de converser comme esprit avec les esprits, et en même temps comme homme avec les hommes. Que l'homme peut quant à son esprit être ainsi transporté, c'est ce que l'homme sensuel ne sauroit comprendre, parce qu'il est dans l'espace et dans le temps, et qu'il mesure ses pas sur l'espace et le temps.

126. Qu'il y a plusieurs mondes, c'est ce que chacun peut regarder comme constant, à la vue de tant d'astres qui paroissent dans l'univers ; et il est notoire, dans le monde savant, que chacun de ces astres est dans sa place comme est nôtre soleil : en effet il demeure fixe dans son monde comme le soleil de notre terre dans le sien, et c'est la distance qui fait qu'il nous paroît dans une petite forme comme une étoile ; conséquemment, que chacun a autour de lui, comme le soleil de notre monde, des planètes, qui sont des terres ; et si elles ne paroissent pas à nos yeux, c'est à cause de leur immense distance, et parce que la lumière qu'elles ne reçoivent que de leur astre ne peut réfléchir et parvenir jusqu'à nous. Autrement, pourquoi un si grand ciel avec tant d'astres ? car la fin de la création de l'univers c'est l'homme, pour que de l'homme soit formé le ciel angélique. Que seroit le genre humain, et de là un ciel angélique formé des hommes d'une seule terre, pour le Créateur infini, pour qui mille, et même dix mille terres ne suffiroient pas ? D'après le calcul qui en a été fait, quand il y auroit un million de terres dans l'univers, et sur chaque terre trois cent millions d'hommes, renouvelés par deux cents générations dans l'espace de six mille ans ; et quand il seroit donné à chaque homme ou à chaque esprit un espace de trois aunes cubiques, ce nombre de tant d'hommes ou d'esprits réuni en une seule masse ne rempliroit pas encore la millième partie de cette terre, ainsi peut-être pas l'espace d'un des satellites qui sont autour de Jupiter ou de Saturne, ce qui seroit, dans l'univers, un espace invisible par sa petitesse ; car un satellite se découvre à peine à l'œil nu. Que seroit cela pour le Créateur de l'univers, qui est infini, et pour qui ce ne seroit

pas assez si tout l'univers étoit plein? J'ai conversé sur ce sujet avec les anges, et ils m'ont dit qu'ils ont une semblable idée sur l'exiguïté du nombre du genre humain par rapport à l'infinité du Créateur; mais qu'ils pensent toujours non d'après les espaces, mais d'après les états; et que, selon leur idée, les terres portées à autant de millions qu'on pourroit imaginer ne seroient encore absolument rien devant le Seigneur. Mais je vais, dans ce qui suit, parler des terres dans le ciel astral, d'après mon expérience même; elle fera aussi connoître comment j'y ai été transféré quant à mon esprit, mon corps demeurant toujours à sa place.

DE LA PREMIÈRE TERRE DANS LE CIEL ASTRAL,

DE SES HABITANS ET DE SES ESPRITS, D'APRÈS CE QUI A ÉTÉ ENTENDU ET VU.

127. Je fus transporté, sous la conduite des anges, par le Seigneur vers une terre dans le ciel astral, où il me fut accordé de considérer la terre même, mais non point de converser avec ses habitans; je le pouvois seulement avec ses esprits. Tous les habitans ou les hommes de chaque terre, après leur vie passée dans le monde, deviennent esprits et restent auprès de leur terre: cependant c'est par ces esprits que sont données les informations sur leur terre et sur l'état de ses habitans; car les hommes qui quittent leur corps retiennent avec eux toute leur première vie et toute leur mémoire (*tt*). Être conduit aux terres dans l'univers, ce n'est pas y être conduit et transporté quant au corps, mais quant à l'esprit; et l'esprit est conduit par les variations de l'état de la vie intérieure, qui lui apparoissent selon les marches par les espaces. Les approches se font aussi selon les convenances ou les ressemblances des états de la vie; car la convenance ou la ressemblance de la vie conjoint, et la disconvenance ou la dissemblance disjoint. De là on peut comprendre comment le transport se fait quant à l'esprit, et son approche aux lieux éloignés, l'homme restant toujours dans sa

---

(*tt*) L'homme après sa mort conserve la mémoire de toutes les choses qui lui ont été propres dans le monde, nos 2476 à 2486.

place. Mais conduire l'esprit, par les variations de l'état de ses
intérieurs, hors du globe qu'il habite, et faire que les variations soient dans une progression successive jusqu'à l'état cor-
respondant ou analogue à ceux vers lesquels il est conduit,
c'est ce qui est en la puissance du Seigneur seul; car il doit y
avoir une direction continuelle et une prévision depuis le premier point jusqu'au dernier, en avant et en arrière, surtout
pour que ce transport ait lieu à l'égard de l'homme, qui est
encore, quant à son corps, dans la nature du monde, et par
ce corps dans l'espace. Ceux qui sont dans les sens corporels,
et qui ne pensent que d'après ces sens, ne sauroient être amenés
à croire que cela se soit fait ainsi : la raison en est que les sens
corporels ne peuvent saisir des progressions sans espaces; cependant ceux qui pensent d'après le sensuel de leur esprit, un
peu éloigné ou écarté du sensuel du corps, qui par conséquent
pensent plus intérieurement, peuvent être amenés à le croire
et à le comprendre, parce que dans l'idée de la pensée intérieure
il n'y a ni espace ni temps, mais à leur place il y a les choses
dont résultent les espaces et les temps. C'est donc pour ceux qui
pensent ainsi que doit être dit ce qu'on va lire touchant les
terres dans le ciel astral, et non pour d'autres, à moins qu'ils
ne soient capables de se laisser instruire.

128. Étant donc dans l'état de veille, le Seigneur me con-
duisit, quant à mon esprit, à une certaine terre dans l'univers,
par le ministère des anges, accompagnés de quelques esprits de
cette même terre. La marche se fit par la droite, et elle dura
deux heures: Vers la fin du monde de notre soleil parut d'abord
une nuée blanchâtre, mais épaisse, et après elle une fumée
enflammée montant d'une vaste ouverture : c'étoit un gouffre
immense qui séparoit, dans cette partie, notre monde solaire
d'avec quelques mondes du ciel astral. Cette fumée enflammée
parut à une distance assez considérable. Je fus porté au travers
de cette fumée, et alors parurent au-dessous, dans cette ouverture ou ce gouffre, plusieurs hommes, qui étoient des esprits;
car tous les esprits paroissent dans la forme humaine, et sont
réellement des hommes. Je les entendis aussi conversant entre
eux, mais il ne me fut point accordé de savoir d'où ils étoient
et quels ils étoient. Cependant un d'eux me dit qu'ils étoient des
gardes qui empêchoient les esprits de passer de ce monde dans
quelque autre monde de l'univers sans en avoir la permission.

Je fus confirmé qu'il en étoit ainsi ; car quelques esprits qui m'accompagnoient, et à qui il ne fut pas permis de traverser lorsqu'ils vinrent à ce vaste intervalle, commencèrent à crier de toutes leurs forces qu'ils périssoient ; en effet, ils se trouvèrent comme ceux qui, dans un état d'agonie, luttent contre la mort. C'est pourquoi ils restèrent de ce côté du gouffre, et ne purent être transportés plus avant ; car la fumée enflammée exhalée du gouffre les environnoit et les tourmentoit.

129. Après avoir été transporté au-delà de cette grande ouverture, j'arrivai enfin à un lieu où je m'arrêtai, et alors parurent au-dessus de moi des esprits avec lesquels il me fut donné de parler. A leur langage et à leur facilité ingénieuse de saisir les choses et de les expliquer, je compris très bien qu'ils étoient d'une autre terre ; car ils différoient entièrement des esprits du monde de notre soleil. Ils apercevoient aussi à mon langage que j'étois de loin.

130. Après que nous nous fûmes un peu entretenus de différentes choses, je leur demandai quel Dieu ils adoroient ; ils me répondirent qu'ils adoroient un ange qui leur paroît comme un homme divin ; car il resplendit de lumière ; qu'il les instruit et leur fait connoître ce qu'ils doivent faire. Ils dirent aussi qu'ils savent qu'il y a un Dieu suprême dans le soleil du ciel angélique ; qu'il apparoît à leur ange et non à eux-mêmes, et qu'il est trop grand pour qu'ils osent l'adorer. L'ange qu'ils adorent est une société angélique à qui il est donné par le Seigneur de les présider, et de leur enseigner la voie de la justice et de la droiture : c'est pour cela qu'ils ont une lumière d'une certaine flamme, qui paroît comme un petit flambeau assez ardent et jaune. Cela vient de ce qu'ils n'adorent pas le Seigneur ; ainsi ils n'ont point de lumière qui leur vienne du soleil du ciel angélique, mais de la société angélique ; car une société angélique, quand il en est accordé une par le Seigneur, peut présenter une telle lumière aux esprits qui sont dans la région inférieure à cette société. Je vis cette société angélique ; elle étoit fort élevée au-dessus de ces esprits ; et je vis aussi la flamme d'où venoit la lumière.

131. Du reste ces esprits angéliques étoient modestes, un peu simples ; mais néanmoins ils pensoient assez bien. De la lumière qui est chez eux j'ai pu conclure quel étoit leur intellectuel ; car l'intellectuel est selon la réception de la lumière qui

est dans les cieux, parce que c'est le divin vrai procédant du Seigneur comme soleil qui y luit et donne aux anges non seulement de voir, mais même de comprendre. (*uu*)

132. Je fus instruit que les habitans et les esprits de cette terre représentent, dans le Très Grand Homme, quelque chose qui est dans LA RATE, ce dont je fus confirmé par un influx sur la rate pendant qu'ils conversoient avec moi.

133. Je les interrogeai sur le soleil de leur monde, qui éclaire leur terre; ils me dirent que le soleil y paroît enflammé; et quand je leur représentai la grandeur du soleil de notre terre, ils me dirent que le leur est plus petit; car ils ont un soleil qui est à nos yeux comme une étoile; et j'ai entendu dire par les anges que cette étoile étoit du nombre des plus petites. Ils me dirent aussi que de leur terre on voyoit également le ciel astral, et qu'une étoile plus grande que toutes les autres se fait voir à eux vers l'occident : il me fut dit du ciel que cette étoile est notre soleil.

134. Ensuite la vue me fut ouverte, afin que je pusse regarder pendant quelque temps sur leur terre même, et j'y aperçus plusieurs prairies et des forêts avec des arbres chargés de feuilles; j'y vis aussi des brebis garnies de laine. Ensuite je vis quelques habitans qui étoient d'un état très vil, couverts d'un vêtement presque semblable à celui des paysans d'Europe. Je vis aussi un homme avec sa femme : cette femme me paroissoit d'une belle taille et d'un maintien décent; il en étoit de même de l'homme. Mais ce qui m'étonnoit, c'est qu'il marchoit avec un air de magnificence et d'un pas qui annonçoit la fierté; mais la femme, au contraire, avoit une démarche commune. Il me fut dit par les anges que telle étoit la mode sur cette terre, et que les hommes qui sont tels sont aimés, parce qu'ils n'en sont pas moins bons. Il me fut dit encore qu'il ne leur est pas permis d'avoir plusieurs femmes, parce que cela est contre les

---

(*uu*) Il y a une grande lumière dans les cieux, n°s 1117. 1521. 1522. 1533. 1619 à 1632. 4527. 5400. 8644. Toute lumière dans les cieux vient du Seigneur comme soleil dans les cieux, n°s 1053. 1521. 3195. 3341. 3636. 4415. 9548. 9684. 10809. Le divin vrai procédant du Seigneur paroît dans les cieux comme lumière, n°s 3195. 3222. 5400. 8644. 9399. 9548. 9684. Cette lumière éclaire la vue et l'entendement des anges et des esprits, n°s 2776. 3138. La lumière du ciel éclaire aussi l'entendement de l'homme, n°s 1524. 3138. 3167. 4480. 6608. 8707. 9126. 9399. 10569.

lois. La femme que j'avois vue avoit devant la poitrine un large vêtement, derrière lequel elle se pouvoit cacher : il étoit fait de manière qu'elle pouvoit y envelopper ses bras, s'en couvrir en entier, et marcher ainsi. Ce vêtement, quant à la partie inférieure, pouvoit se retrousser, et, étant retroussé et appliqué autour du corps, il paroissoit une espèce de corset tel qu'en portent les femmes de notre terre. Mais ce même vêtement servoit aussi au mari pour s'envelopper. Je vis qu'il le prenoit de dessus sa femme pour se le mettre sur le dos, et laissoit tomber la partie inférieure, qui alloit jusqu'aux pieds, comme une robe, et il marchoit ainsi habillé. Ce que j'ai vu sur cette terre, je ne l'ai point vu des yeux de mon corps, mais des yeux de mon esprit : or l'esprit peut voir les choses qui sont sur une terre, quand le pouvoir lui en est donné par le Seigneur.

135. Comme je sais qu'on doutera qu'il soit jamais possible que l'homme voie des yeux de son esprit quelque chose dans une terre si éloignée, je puis dire comment cela s'opère. Les distances dans l'autre vie ne sont pas comme les distances sur la terre : les distances dans l'autre vie existent absolument selon les états des intérieurs de chacun. Ceux qui sont dans un semblable état, sont ensemble dans une même société et dans un même lieu : tout ce qui y est présent l'est par la ressemblance de l'état, et tout ce qui y est éloigné l'est par sa dissemblance. Voilà pourquoi j'étois auprès de cette terre lorsque j'eus été conduit par le Seigneur dans un état semblable à celui des esprits et des habitans de cette terre, et qu'alors présent, je conversois avec eux. Par là on voit clairement que les terres ne sont point distantes dans le monde spirituel comme dans le monde naturel, mais seulement par apparence selon les états de vie des esprits et des habitans qui y sont : l'état de vie est l'état des affections quant à l'amour et à la foi. Que l'esprit peut voir les choses qui sont sur une terre, ou, ce qui est le même, qu'un homme, quant à son esprit, peut les voir, il m'est encore permis d'expliquer comment cela s'opère. Les esprits ni les anges ne peuvent voir de leur vue rien de ce qui est dans le monde ; car la lumière du monde, ou la lumière solaire, est pour eux une épaisse obscurité ; de même que l'homme avec la vue de son corps ne peut rien voir de ce qui est dans l'autre vie ; car pour lui la lumière du ciel est comme une épaisse obscurité. Néanmoins, quand le Seigneur le veut,

les esprits et les anges peuvent voir, par les yeux des hommes , les choses qui sont dans le monde ; mais le Seigneur n'accorde cela qu'à ceux à qui il donne de converser avec les esprits et les anges , et d'être en même temps avec eux. Il a été donné aux esprits et aux anges de voir par mes yeux les choses qui sont dans le monde , et aussi clairement que je les vois. Il leur a aussi été donné d'entendre les hommes qui parloient avec moi. Il est arrivé plus d'une fois que quelques uns d'eux ont vu par moi des amis qu'ils avoient eus dans la vie du corps , et qu'ils les ont vus aussi distinctement présens qu'ils les voyoient auparavant , et ils en étoient eux-mêmes stupéfaits. Ils ont vu aussi leurs femmes et leurs enfans; ils ont voulu que je leur disse qu'ils étoient présens et qu'ils les voyoient, et que je leur rapportasse quel étoit leur état dans l'autre vie ; mais il m'étoit défendu de leur dire et révéler cela , par cette raison , entre autres , qu'ils auroient dit que j'étois insensé , ou qu'ils auroient pensé que c'étoit des accès de délire de mon esprit , parce que je savois bien que , quoiqu'ils dissent de bouche qu'il y a des esprits , que les morts sont ressuscités et sont parmi les esprits , et qu'ils peuvent voir et entendre par l'homme , ils ne le croyoient cependant pas dans le cœur. Quand pour la première fois la vue intérieure me fut ouverte , et que ceux qui étoient dans l'autre vie virent par mes yeux le monde et les choses qui sont dans le monde , ils furent si stupéfaits , qu'ils disoient que c'étoit le miracle des miracles; ils furent affectés d'une joie nouvelle de ce que , par ce moyen , il existoit une communication de la terre avec le ciel et du ciel avec la terre , et cette joie dura pendant quelques mois ; mais cette merveille leur étant devenue familière , alors leur surprise cessa entièrement. J'ai été instruit que les esprits et les anges chez les autres hommes ne voient rien des choses qui sont dans le monde , mais seulement perçoivent les pensées et les affections de ceux chez qui ils sont. Par là il est évident que l'homme a été créé tel , que pendant qu'il vit dans le monde parmi les hommes il peut vivre en même temps dans le ciel parmi les anges , et , étant ange , être aussi avec les hommes , de sorte que le ciel et le monde peuvent être à la fois en l'homme , et n'y faire qu'un ; qu'ainsi les hommes peuvent savoir ce qu'il y a dans le ciel , comme les anges ce qu'il y a dans le monde ; et qu'après leur mort ils passent du royaume du Seigneur sur les terres au royaume du Seigneur dans les

cieux, non comme dans un autre royaume, mais dans le même
où ils étoient quand ils ont vécu dans le corps. Mais comme
l'homme s'est rendu si corporel, il s'est fermé le ciel.

136. En dernier lieu je conversai avec les esprits qui sont de
cette terre, sur différentes choses de notre terre, et particulièrement sur ce que nous avons des sciences qui ne sont pas ailleurs,
comme l'astronomie, la géométrie, la mécanique, la physique,
la chimie, la médecine, l'optique, la philosophie; et aussi sur
les arts qui ne sont point connus ailleurs, comme l'art de
construire des vaisseaux, de fondre les métaux, d'écrire sur le
papier, et ce qu'on peut écrire le publier par l'imprimerie, et
ainsi de le communiquer aux autres sur la terre; même de le
conserver et le transmettre à la postérité des milliers d'années,
leur faisant observer que c'est ce qui est arrivé à l'égard de la
Parole, qui nous vient du Seigneur, et que par là la révélation
est constamment établie sur notre terre.

137. Enfin on me montra l'enfer de ceux qui ont vécu sur
cette terre. Ceux que j'y vis inspiroient le plus grand effroi :
je n'oserois décrire leurs visages monstrueux. J'y vis aussi des
magiciennes qui exercent d'affreux enchantemens ; elles paroissoient vêtues de vert : leur aspect imprimoit un sentiment
d'horreur.

DE LA SECONDE TERRE DANS LE CIEL ASTRAL, DE SES ESPRITS ET
DE SES HABITANS.

138. Je fus ensuite conduit par le Seigneur à une terre dans
l'univers, qui étoit plus éloignée de notre terre que cette première dont je viens de parler. Ce qui me fit comprendre qu'elle
étoit plus éloignée, c'est qu'il s'écoula deux jours tandis que j'y
fus conduit quant à mon esprit. Cette terre étoit à gauche, et
la première étoit à droite. Comme l'éloignement dans le monde
spirituel ne se mesure point sur la distance du lieu, mais sur
la différence de l'état, ainsi que je l'ai dit ci-dessus, c'est pour
cela que j'ai pu conclure, par la longueur de la marche, qui
fut de deux jours, que l'état des intérieurs chez ses esprits
différoit d'autant de l'état des intérieurs qui est chez les esprits
de notre terre. Ayant été transporté à cette terre quant à l'esprit par les changemens de l'état des intérieurs, il m'a été donné
d'observer ces changemens successifs avant d'arriver sur cette

terre. Cela eut lieu pendant que j'étois pleinement éveillé.

139. Quand j'y fus arrivé ce ne fut pas la terre même que je vis, mais ses esprits. En effet, comme je l'ai déjà dit, les esprits de chaque terre paroissent autour de leur terre, parce qu'ils ont un génie semblable à celui des habitans; car ils en sont; et ils leur sont utiles. Je vis ces esprits fort élevés au-dessus de ma tête, et conséquemment ils me virent arriver. Il faut savoir que, dans l'autre vie, ceux qui sont placés en haut peuvent voir ceux qui sont au-dessous; et que plus ils sont à un point élevé, plus ils voient au loin autour d'eux; et que non seulement ils peuvent apercevoir ceux qui sont au-dessous, mais même converser avec eux. Dans cette position, ils observoient que je n'étois pas de leur terre, mais de quelqu'autre qui étoit éloignée : c'est pourquoi ils me parlèrent de là, et m'interrogèrent sur diverses choses. Il me fut aussi donné de répondre à leurs questions. Entr'autres choses je leur racontai de quelle terre j'étois, et quelle elle étoit. Ensuite je leur parlai des terres qui sont dans notre monde solaire : je leur parlai aussi des esprits de la terre ou planète de Mercure, disant qu'ils alloient vers plusieurs terres pour acquérir des connoissances sur différentes choses. Quand ils entendirent cela, ils me dirent qu'ils les avoient vus aussi chez eux.

140. Il me fut dit par des anges de notre terre que les habitans et les esprits de cette terre représentent dans le Très Grand Homme LA PÉNÉTRATION DE LA VUE, et que c'est pour cela qu'ils paroissent en haut, et sont doués d'un coup d'œil très pénétrant. Comme c'étoit là ce qu'ils représentoient, et comme ils voyoient bien clairement ce qui étoit au-dessous d'eux, en conversant avec eux je les comparois à des aigles qui volent très haut, et qui d'un coup d'œil pénétrant voient tout ce qui est autour d'eux et au loin. Ils furent indignés de cette comparaison, croyant que je les regardois comme semblables aux aigles quant à la rapine, et que conséquemment je les réputois méchans : je leur répondis que je ne les comparois pas aux aigles quant à la rapine, mais quant à la pénétration de la vue.

141. Je leur demandai quel Dieu ils adoroient : ils me répondirent qu'ils adorent un Dieu visible et invisible; Dieu visible sous une forme humaine, et Dieu invisible n'étant sous aucune forme; et je compris par leurs discours, ainsi que par les idées de leur pensée qui m'étoient communiquées, que ce

Dieu visible est notre Seigneur lui-même, qu'ils appeloient aussi Seigneur. Il me fut donné de leur répondre que sur notre terre on adore aussi Dieu invisible et visible ; que le Dieu invisible est appelé le Père, et le Dieu visible est appelé le Seigneur ; mais que l'un et l'autre ne sont qu'un, comme le Seigneur l'a enseigné lui-même, en disant qu'on n'a jamais vu la forme du Père ; que le Père et lui sont un ; que qui le voit, voit le Père ; que le Père est dans lui et lui dans le Père ; conséquemment, que l'un et l'autre sont ce Dieu dans une personne. Que ce sont là les paroles du Seigneur lui-même ; voyez Jean, v. 37 ; x. 30 ; XIV. 7. 9 à 11.

142. Je vis ensuite d'autres esprits de la même terre, qui paroissoient dans un lieu au-dessous des premiers, et je conversai aussi avec eux ; mais ils étoient idolâtres ; car ils adoroient une idole de pierre semblable à un homme, mais qui n'étoit pas beau. Il faut savoir que tous ceux qui viennent dans l'autre vie ont, dans le commencement, un culte semblable à celui qu'ils avoient dans le monde, mais que successivement ils sont éloignés de ce culte : la raison en est que tout culte demeure implanté dans la vie intérieure de l'homme, de laquelle il ne peut se séparer et se déraciner que successivement. Quand j'eus vu cette idole, il me fut donné de leur dire qu'il ne faut point adorer ce qui est mort, mais ce qui est vivant. Ils me répondirent qu'ils savoient que Dieu vit, et qu'une pierre ne vit point ; mais qu'ils pensoient au Dieu vivant quand ils regardoient cette pierre semblable à un homme, et qu'autrement leurs idées ne pouvoient se fixer et se déterminer sur un Dieu invisible. Alors il me fut donné de leur dire que leurs idées peuvent se fixer et se déterminer sur un Dieu invisible, quand elles se déterminent sur le Seigneur, qui est Dieu visible dans la pensée sous la forme humaine ; et qu'ainsi l'homme peut se conjoindre à un Dieu invisible par la pensée et l'affection, ainsi par la foi et l'amour, quand il est conjoint au Seigneur, et non autrement.

143. Je demandai aux esprits que je voyois en haut, si sur cette terre les habitans vivent sous l'empire des princes ou des rois. Ils me répondirent qu'ils ignoroient ce que c'est qu'empires ; que les habitans vivent sous eux-mêmes ; qu'ils sont distingués en race, en famille et en maison. Je leur demandai s'ils étoient en sûreté dans ce genre de vie ; ils me

répondirent qu'ils sont en sûreté, parce qu'une famille n'envie rien à une autre, et n'en veut rien exiger d'injuste. Ils me témoignèrent en même temps leur indignation de ce que je leur faisois de semblables questions, comme si je les accusois d'avoir des sentimens hostiles, ou de prendre quelques sûretés contre des brigands : qu'est-il donc besoin d'autre chose, disoient-ils, que d'avoir la nourriture et l'habillement, et ainsi d'habiter sous soi-même contens et tranquilles ?

144. Interrogés touchant leur terre, ils me dirent qu'il y a des prairies, des jardins, des parterres, des bois remplis d'arbres fruitiers, des lacs garnis de poissons, des oiseaux de couleur azur avec des plumes de couleur d'or, des animaux grands et petits. Parmi les petits, ils m'en citèrent qui ont le dos élevé comme celui des chameaux de notre terre ; que cependant ils ne se nourrissent pas de la chair de ces animaux, mais seulement de celle des poissons, et en outre des fruits des arbres et des légumes de la terre. Ils me dirent qu'ils n'habitent point dans des maisons, mais dans les bois, où ils se font des huttes au milieu des feuillages pour se mettre à l'abri de la pluie et de l'ardeur du soleil.

145. Je les interrogeai aussi touchant leur soleil, qui, vu de notre terre, paroît aux yeux comme une étoile ; ils me dirent qu'il leur paroît enflammé, et à la vue pas plus grand que la tête d'un homme. Il me fut dit par les anges, que l'astre qui est leur soleil est entre les étoiles de moindre grandeur, et n'est pas fort éloigné de l'équateur du ciel.

146. Je vis des esprits qui étoient semblables à eux-mêmes, quand ils étoient hommes sur la terre ; leur visage ressembloit assez à celui des hommes de notre terre, excepté que leurs yeux étoient petits ainsi que leur nez. Cela me paroissant comme quelque chose de difforme, ils me dirent que les petits yeux et les petits nez étoient pour eux une beauté. Je vis une femme vêtue d'une robe sur laquelle étoient des roses de différentes couleurs. Je leur demandai comment sur leur terre ils se procurent des vêtemens ; ils me répondirent qu'ils tirent de certaines herbes des filamens dont ils forment des fils ; qu'ensuite ils mettent ce fil en deux ou en trois, l'humectent d'une eau glutineuse, et lui donnent ainsi de la consistance, et qu'ils colorent ensuite cette toile avec des sucs d'herbes. Ils me montrèrent aussi comment ils préparent les fils : des femmes

assises sur un siége tordent les fils avec les doigts de leurs pieds ; et, à mesure qu'ils sont tordus, elles les tirent à soi et les assujettissent avec les mains.

147. Ils me dirent de plus que sur leur terre un mari n'a qu'une femme et non plusieurs, et qu'ils ont dix à quinze enfans. Ils ajoutèrent qu'il y a aussi des prostituées ; mais, qu'après la vie du corps, quand elles deviennent esprits, elles sont magiciennes et précipitées dans l'enfer.

DE LA TROISIÈME TERRE DANS LE CIEL ASTRAL, DE SES ESPRITS ET DE SES HABITANS.

148. Il m'apparut au loin des esprits qui ne vouloient point approcher ; c'étoit parce qu'ils ne pouvoient être avec les esprits d'une autre terre, qui m'environnoient alors : par là je m'aperçus qu'ils étoient d'une autre terre ; ensuite il me fut dit qu'ils étoient d'une certaine terre dans l'univers, mais il ne me fut pas indiqué où étoit cette terre. Ces esprits ne vouloient point absolument penser à leur corps, pas même à la moindre chose corporelle et matérielle ; bien opposés en cela aux esprits de notre terre : voilà pourquoi ils n'en vouloient pas approcher. Mais néanmoins, après l'éloignement de quelques esprits de notre terre, ils s'approchèrent plus près et me parlèrent. Cependant je sentis alors une anxiété produite par la collision des sphères ; car les sphères spirituelles environnent tous les esprits et les sociétés des esprits (*voyez* la note *cc*) ; et comme elles émanent de la vie des affections et des pensées, par cette raison là où il y a des affections contraires, il y a collision, et par conséquent anxiété. Les esprits de notre terre me dirent qu'ils n'osoient pas non plus approcher de ces esprits de l'autre terre, parce que, quand ils en approchent non seulement ils sont saisis d'anxiété, mais même il leur semble avoir les mains et les pieds liés par des serpens, dont ils ne peuvent se débarrasser avant que de se retirer. Cela leur paroît ainsi à cause de la correspondance ; car les esprits de notre terre représentent dans le Très Grand Homme le sens externe, c'est-à-dire le sensuel corporel, et ce sensuel est représenté dans l'autre vie par les serpens. (*xx*)

_____

(*xx*) Dans le monde spirituel le sensuel externe de l'homme est repré-

149. *Les esprits de cette terre étant tels, ils paroissent aux yeux des autres esprits,* non comme les autres , en forme humaine distincte, mais comme des nuages, les uns en forme *de nuage noirâtre dans lequel on aperçoit le mélange de la blancheur humaine;* mais ils dirent qu'en dedans ils étoient blancs, et que, quand ils deviennent anges, ce noir se change en un *bel azur, ce qui me fut aussi montré.* Je leur demandai s'ils avoient été dans une telle idée sur leur corps, quand ils vivoient hommes dans le monde. Ils me répondirent que les *hommes de leur terre ne font aucun cas de leur corps,* mais seulement de l'esprit qui est dans leur corps, parce qu'ils savent qu'il vivra éternellement , et que le corps périra. Ils me dirent aussi que plusieurs habitans de leur terre croient que l'esprit qui est dans le corps a été de toute éternité, et qu'il est infus dans le corps au moment de la conception ; mais ils ajoutèrent qu'ils savent à présent qu'il n'en est pas ainsi, et qu'ils se repentent d'avoir été dans une si fausse opinion.

150. Je leur demandai s'ils vouloient voir quelque chose sur *notre terre,* et leur dis que cela pouvoit se faire par mes yeux (*voyez* ci-dessus n° 135). Ils me répondirent d'abord qu'ils ne le pourroient pas ; ensuite qu'ils ne le vouloient pas , parce que tout ce qu'ils verroient ne seroit que terrestre et matériel, dont ils éloignent leurs pensées le plus qu'ils peuvent. Néanmoins des palais magnifiques, semblables à ceux des rois et des princes sur notre terre, furent représentés devant eux ; car de tels objets peuvent être représentés devant les esprits ; et quand ils sont représentés, ils paroissent absolument comme s'ils existoient ; mais les esprits de cette terre n'en firent aucun cas : ils les appeloient des simulacres de marbres, et ils me racontèrent alors que chez eux ils en ont de plus magnifiques, et que ce sont leurs temples sacrés qui ne sont pas construits en pierre, mais en bois. Quand je leur dis que ces édifices ne sont pas moins terrestres, ils me répondirent qu'ils ne sont point terrestres, mais célestes, parce que, quand ils les regardent, ils n'ont point une idée terrestre, mais une idée céleste, croyant

---

senté par des serpens, parce que ce sensuel est dans le degré le plus bas , et par rapport aux intérieurs de l'homme, il reste à terre et semble ramper ; de là vient que ceux qui raisonnoient d'après ce sensuel furent appelés serpens, n°s 195 à 197. 6398. 6949.

qu'ils en verroient de semblables dans le ciel après la mort.

151. Alors ils représentèrent leurs temples sacrés devant les esprits de notre terre, qui avouoient qu'ils n'en avoient point vu de plus magnifiques ; et comme je les ai vus aussi, je peux les décrire. Ces temples sont construits d'arbres non coupés, mais croissant dans le sol où ils ont pris naissance : ils me dirent que sur cette terre les arbres sont d'une largeur et d'une hauteur admirables. Ils les disposent, quand ils sont encore jeunes, dans une telle symétrie, qu'ils forment des portiques et des allées en berceaux, et ils arrangent, ajustent et taillent leurs rameaux tendres, de manière qu'à mesure qu'ils croissent ils se joignent et s'entrelacent pour servir de sol et de plancher au temple qu'ils veulent ériger, s'élèvent sur les côtés pour servir de murailles, et se courbent dans le haut en arcade pour former le toit. C'est ainsi qu'avec un art admirable ils construisent un temple, qui est très élevé au-dessus de la terre. Ils y font aussi une montée avec de grosses branches rapprochées et fermement jointes ensemble. De plus, ils décorent ce temple en dehors et en dedans de différentes manières, en ajustant les feuilles sous diverses formes ; ils disposent ainsi en édifices des bois entiers. Mais il ne m'a pas été donné de voir quel est l'intérieur de ces temples : il m'a seulement été dit que la lumière de leur soleil s'introduit par les ouvertures qui sont entre les branches, et qu'elle est transmise par des cristaux à travers lesquels la lumière prend diverses nuances comme l'arc-en-ciel ; et qui se reflètent sur les murailles, surtout en couleurs d'azur et orange, qu'ils aiment plus que toutes les autres. Tels sont les ouvrages d'architecture qu'ils préfèrent aux palais les plus magnifiques de notre terre.

152. Ils me dirent que les habitans ne demeurent point sur les lieux hauts, mais sur les plaines dans des cabanes basses, parce que les lieux hauts sont pour le Seigneur, qui est dans les cieux, et les lieux bas sont pour les hommes, qui sont sur la terre. Leurs cabanes m'ont aussi été montrées ; elles étoient oblongues ; au dedans, contre la muraille, il y a un lit qui en tient toute la longueur, et sur lequel ils couchent l'un à côté de l'autre. Dans la partie opposée à la porte est un lieu pratiqué en rond, devant lequel est une table, et derrière la table un foyer par lequel toute la chambre est éclairée. Dans

ce foyer il n'y a point un feu ardent, mais un bois lumineux qui de lui-même répand autant de lumière qu'une flamme de foyer. Ils me dirent que ces bois paroissoient vers le soir comme un feu de charbon embrasé.

153. Ils me dirent aussi qu'ils ne vivent point en sociétés, mais en maisons séparées, et qu'ils forment des sociétés quand ils s'assemblent pour le culte; qu'alors ceux qui enseignent marchent dans l'intérieur du temple, et les autres dans les porches qui sont sur les côtés; et que, dans ces réunions, ils éprouvent des joies intérieures par la vue du temple et par le culte qui est célébré.

154. Touchant le culte divin, ils me dirent qu'ils reconnoissent un dieu sous une forme humaine, ainsi notre Seigneur; car tous ceux qui reconnoissent le Dieu de l'univers sous la forme humaine sont reçus par notre Seigneur; les autres ne peuvent être conduits, parce qu'ils pensent sans l'idée d'une forme. Ils ajoutèrent que les habitans de leur terre sont instruits des choses du ciel par quelque commerce immédiat avec les anges et les esprits, dans lequel ils peuvent être amenés par le Seigneur plus facilement que les autres, parce qu'ils rejettent de leur pensée et de leur affection ce qui est corporel. Je leur demandai ce qui arrivoit à ceux qui étoient méchans parmi eux : ils me dirent que dans leur terre il n'est pas permis d'être méchant; mais que, si quelqu'un pense mal ou agit mal, il est réprimandé par un esprit qui lui annonce la mort, s'il persiste dans le mal; que, quand il y persiste, il meurt de défaillance, et que c'est de cette manière que les hommes de cette terre sont préservés de la contagion des méchans. Un tel esprit me fut aussi envoyé, et me parla comme à ceux qu'il réprimandoit : en outre il excita à la région de l'abdomen quelque douleur, me disant que c'étoit ainsi qu'il traitoit ceux qui pensent mal et font mal, et à qui il annonçoit la mort, s'ils persistoient. Ils me dirent que ceux qui profanent les choses saintes sont très gravement punis, et qu'avant que l'esprit punisseur vienne, la gueule ouverte d'un lion de couleur livide leur apparoît en vision, et semble vouloir leur avaler la tête, et la séparer de leur corps : ce qui les saisit d'horreur. Ils appellent l'esprit punisseur, le diable.

155. Comme ils désiroient savoir comment se fait la révélation sur notre terre, je leur dis que la révélation se fait

par l'écriture et par la prédication d'après la Parole, et non par un commerce immédiat avec les esprits et les anges ; que l'écriture peut se répandre dans le public par l'imprimerie, ainsi être lue et comprise par toutes les sociétés, et que, par ce moyen, la vie peut être amendée. Ils furent bien surpris qu'un tel art fût connu sur notre terre, et absolument ignoré ailleurs ; mais ils comprirent que, sur cette terre où l'on n'aime que les choses corporelles et terrestres, les choses divines ne peuvent autrement influer du ciel et être reçues, et qu'il seroit dangereux pour de tels hommes de converser avec les anges.

156. Les esprits de cette terre paroissent en haut dans le plan de la tête vers la droite : car tous les esprits sont distingués par leur situation par rapport au corps humain ; ce qui a lieu parce que tout le ciel correspond à tout ce qui est de l'homme (*voyez* la note *f.*) Ces esprits se tiennent dans ce plan et à cette distance, parce que leur correspondance n'est pas avec les externes chez l'homme, mais avec les intérieurs. Leur action est sur le genou gauche, un peu au-dessus et au-dessous, avec une certaine vibration très sensible : c'est un signe qu'ils correspondent *à la conjonction des choses naturelles et des célestes.*

DE LA QUATRIÈME TERRE DANS LE CIEL ASTRAL, DE SES ESPRITS ET DE SES HABITANS.

157. Je fus encore conduit à une autre terre, qui est dans l'univers, hors de notre monde solaire : ce voyage se fit par les changemens de l'état de mon esprit, et conséquemment quant à mon esprit ; car, ainsi que je l'ai déjà dit quelquefois ci-dessus, l'esprit n'est conduit d'un lieu dans un autre que par les changemens de l'état de ses intérieurs ; et ces changemens lui paroissent entièrement comme des transports d'un lieu dans un lieu, ou comme des marches. Ces changemens ont continuellement duré pendant environ dix heures, avant que de l'état de ma vie je parvinsse à l'état de la vie de ceux de cette terre, et ainsi avant que j'y fusse amené quant à mon esprit. J'étois porté vers l'orient, sur la gauche, et il me sembloit être élevé peu à peu d'un plan horizontal. Il m'étoit aussi donné d'observer clairement la marche et la progres-

sion depuis le lieu du départ jusqu'à ceux où j'arrivois, et où celui que je venois de quitter ne paroissoit plus ; et dans cet intervalle je conversois sur diverses choses avec les esprits qui étoient avec moi. Il y avoit aussi avec nous un certain esprit qui, pendant sa vie dans le monde, avoit été prélat, prédicateur et écrivain très pathétique. Les esprits qui m'accompagnoient, d'après l'idée qu'ils avoient de lui en moi, le croyoient chrétien de cœur par-dessus tous les autres ; car, dans le monde, on prend une idée et on porte un jugement d'après les prédications et les écrits, et non d'après la vie, si elle n'est pas connue, et s'il y paroît quelque discordance, on n'est pas moins excusé ; car l'idée ou la pensée et la perception qu'on a de quelqu'un font tourner tout en sa faveur.

158. Lorsque je me fus aperçu que j'étois, quant à mon esprit, dans le ciel astral, fort loin au-delà du monde de notre soleil, ce que je pus comprendre par les changemens de l'état, et conséquemment par l'apparente marche continue, qui étoit d'environ dix heures ; j'entendis des esprits parlant auprès d'une terre que je vis ensuite. Je m'approchai d'eux ; et, après un court entretien, ils me dirent que quelquefois il vient chez eux des hôtes d'autres terres, qui parlent avec eux sur Dieu, et qui jettent de la confusion dans leurs idées. Ils me montrèrent aussi le chemin par lequel ils venoient ; d'où je perçus que c'étoient des esprits de notre terre. Je leur demandai comment ces hôtes jettent de la confusion dans leurs idées. Ils me répondirent que c'est en ce qu'ils disent, qu'il faut croire à un Dieu en trois personnes distinctes, lesquelles ils appellent néanmoins un seul Dieu ; et que, quand ils examinent leur idée sur ce sujet, elle se présente à eux comme un trine non continu, mais séparé ; chez quelques uns, comme trois personnes se parlant entre elles ; chez d'autres, comme deux qui sont assis l'un près de l'autre, et la troisième les écoutant, et s'en séparant ; et quoiqu'ils appellent bien distinctement chaque personne Dieu, et qu'ils aient de chacune de ces personnes une idée différente, ils disent toujours un seul Dieu. Ils se plaignirent beaucoup de ce que ces esprits confondoient leurs idées, en ce qu'ils pensent trois et disent un, tandis qu'on doit penser comme on parle, et qu'on doit parler comme on pense. L'esprit qui dans le monde avoit été prélat et prédicateur, et qui étoit avec moi, fut alors examiné sur l'idée qu'il avoit d'un Dieu unique, et

de trois personnes. Il représentoit trois Dieux, mais n'en faisant
qu'un par continuité : cependant il présentoit ce trine un comme
invisible, parce qu'il est divin ; et pendant qu'il le présentoit
ainsi, je perçus qu'il pensoit alors au Père et non au Seigneur ;
et que son idée d'un Dieu invisible n'étoit autre que celle de la nature dans ses principes, d'où il résultoit que l'intime de la nature
avoit été pour lui sa Divinité, et qu'ainsi il pouvoit facilement
être amené à reconnoître la nature pour Dieu. Il faut savoir
que l'idée de chacun, sur quelque chose que ce soit, est représentée au naturel dans l'autre vie ; que c'est par là que chacun
est examiné sur la qualité de sa pensée et de sa perception, touchant les choses qui appartiennent à la foi ; et que l'idée qu'il
se fait de Dieu est la principale de toutes ; car c'est par elle, si
elle est pure, que la conjonction se fait avec Dieu, et conséquemment avec le ciel. J'interrogeai ensuite les esprits de cette
terre, sur l'idée qu'ils avoient de Dieu. Ils me répondirent
qu'ils ne conçoivent point un Dieu invisible, mais un Dieu visible, sous une forme humaine, et qu'ils savent cela non seulement par la perception intérieure, mais aussi parce qu'il
leur a apparu comme homme ; ajoutant que si, selon l'idée
de quelques étrangers, ils concevoient Dieu comme invisible,
ainsi, sans forme et sans qualité, ils ne pourroient, en aucune
manière, penser à Dieu, parce que l'invisible qui est tel
n'entre point dans l'idée. Alors il me fut donné de leur dire
qu'ils faisoient bien de penser à Dieu, sous une forme humaine ;
que plusieurs de notre terre pensent ainsi, surtout quand ils
pensent au Seigneur ; et que les anciens n'ont point pensé autrement. Je leur parlai alors d'Abraham, de Loth, de Gédéon,
de Manoé et de sa femme, et de ce qui est rapporté d'eux dans
notre Parole ; c'est-à-dire qu'ils avoient vu Dieu sous une forme
humaine, et que, l'ayant vu, ils l'avoient reconnu pour le
Créateur de l'univers, et l'avoient appelé Jéhovah ; et cela aussi
d'après la perception intérieure ; mais je leur dis qu'aujour-
d'hui cette perception intérieure n'existe plus dans le monde
chrétien, excepté chez les simples qui sont dans la foi.

159. Avant que j'eusse ainsi parlé, ils avoient cru que nous
étions aussi de ceux qui vouloient jeter de la confusion dans
leur esprit, par l'idée de trois sur Dieu : c'est pourquoi, après
m'avoir entendu, ils furent transportés de joie, et ils dirent
que c'étoit Dieu même, qu'alors ils nommèrent Seigneur, qui

nous avoit envoyés auprès d'eux pour les instruire sur lui ;
et qu'ils ne vouloient plus admettre ces étrangers qui les trou-
bloient, surtout par trois personnes dans la Divinité, parce
qu'ils savent que Dieu est un ; et que par conséquent la Divinité
est une, et non composée de trois ; à moins qu'ils ne veuillent
penser de Dieu comme d'un ange, en qui l'intime de la vie est
ce qui est invisible, par quoi il pense et devient sage ; et
l'externe de la vie est ce qui est visible sous la forme humaine,
par lequel il voit et il agit ; et le procédant de la vie est la
sphère de l'amour et de la foi qui sort de lui ; car de chaque
esprit et de chaque ange procède une sphère de vie, par laquelle
il est connu à une certaine distance (*voyez* la note *cc*) ; et,
quant au Seigneur, que le procédant de la vie qui sort de lui
est le Divin même qui remplit les cieux et les fait, parce qu'il
procède de l'être même de la vie de l'amour et de la foi. Ils
ajoutèrent qu'ils ne pouvoient pas percevoir autrement le trine
et l'un ensemble. Après que j'eus entendu ces paroles, il me
fut donné de leur dire qu'une telle idée du trine et de l'un ensemble, concorde avec l'idée angélique sur le Seigneur, et qu'elle
est aussi selon la doctrine même du Seigneur, quand il parle
de soi ; car il enseigne que le Père et lui font un ; que le
Père est en lui, et lui dans le Père ; que qui le voit, voit le
Père ; que qui croit en lui, croit dans le Père et connoît le Père ;
que le Paraclet, qu'il appelle Esprit de vérité et aussi Saint-
Esprit, procède de lui ; et qu'il ne parle point de soi mais de
lui : par le Paraclet, il faut entendre le Divin, procédant du
Seigneur. Je leur dis de plus que cette idée concorde avec
l'être et l'exister de la vie du Seigneur, quand il étoit dans le
monde. L'être de sa vie étoit le Divin même ; car il a été conçu
par Jéhovah ; or, l'être de la vie de chacun vient de celui par
qui il est conçu. L'exister de la vie dérivant de cet être, est
l'humanité dans la forme. L'être de la vie de chaque homme,
qui lui vient de son Père, est appelé l'âme ; et l'exister de la
vie qui en résulte, est appelé le corps : l'âme et le corps constituent un homme. La ressemblance entre l'un et l'autre est
comme entre ce qui est dans l'effort, et ce qui est dans l'acte,
résultant de l'effort ; car l'acte est l'effort agissant, ainsi les
deux qui ne sont qu'un. L'effort dans l'homme est appelé volonté, et l'effort agissant est appelé action ; le corps est l'instrument par lequel agit la volonté, qui est le principe ; et dans

l'action le principe et l'instrument sont un : de même l'âme et le corps sont un. Telle est l'idée que les anges dans le ciel ont de l'âme et du corps. Par là ils savent que le Seigneur a fait son Humanité divine par le Divin en soi, qui en lui a été l'âme venant du Père. La foi reçue partout dans le monde chrétien ne s'éloigne pas non plus de ce sentiment; car voici ce qu'elle enseigne : *Quoique le Christ soit Dieu et homme, cependant il n'est point deux, mais réellement un seul Christ : enfin il est un absolument, et une personne unique; parce que, comme le corps et l'âme sont un seul homme, de même aussi Dieu et l'homme sont un Christ* (*yy*). Comme il y a eu une telle union ou une telle unité dans le Seigneur, voilà pourquoi il est ressuscité, non seulement quant à l'âme, mais même quant au corps qu'il a glorifié dans ce monde, ce qui n'arrive à aucun homme : c'est ce dont il instruit lui-même ses disciples en leur disant : *Touchez-moi et voyez; car un esprit n'a ni chair ni os, comme vous voyez que j'en ai* (*zz*). Ces esprits comprirent très bien cela; car de telles vérités entrent dans l'entendement des esprits angéliques. Alors ils dirent qu'au Seigneur seul est la puissance dans les cieux, et que les cieux sont à lui. Il me fut donné de leur répondre que l'Eglise, sur notre terre, sait aussi cette vérité de la bouche du Seigneur même, avant qu'il montât au ciel; car il dit alors : *Toute puissance m'a été donnée dans le ciel et sur la terre.*

160. Je conversai ensuite avec ces esprits touchant leur terre; car tous les esprits ont cette connoissance, quand leur mémoire naturelle ou externe est ouverte par le Seigneur; en effet, ils la conservent avec eux en sortant du monde; mais elle ne s'ouvre qu'autant qu'il plaît au Seigneur. Les esprits me dirent que, quand la permission leur en est donnée, ils apparoissent aux habitans de leur terre et s'entretiennent avec eux comme des hommes; et que cela a lieu lorsqu'ils sont remis dans leur mémoire naturelle ou externe, et conséquem-

_____

(*yy*) D'après le symbole d'Athanase.

(*zz*) L'homme aussitôt après sa mort ressuscite quant à son esprit, et en forme humaine; et il est homme quant à tout ce qui lui appartient en général et en particulier, nᵒˢ 4527. 5006. 5078. 8939. 8991. 10594. 10597. 10758. L'homme ressuscite seulement quant à l'esprit, et non quant au corps, nᵒˢ 10593. 10594. Le Seigneur seul est ressuscité aussi quant au corps, nᵒˢ 1729. 2083. 5078. 10825.

ment dans la pensée dans laquelle ils étoient quand ils vivoient dans le monde ; et qu'alors s'ouvre dans les habitans la vue intérieure ou la vue de leur esprit, par laquelle ils voient les esprits. Ils ajoutèrent que les habitans ne savent autre chose sinon qu'ils sont avec des hommes de leur terre, et qu'ils ne s'aperçoivent que ce ne sont pas réellement des hommes, qu'au moment où les esprits disparoissent tout à coup à leurs yeux. Je leur dis qu'il en étoit de même sur notre terre, dans les temps anciens, comme lorsque des anges apparurent devant Abraham, devant Sarah, devant Loth, devant les habitans de Sodome, devant Manoé et sa femme, devant Josué, devant Marie et Élisabeth, et en général devant les prophètes ; que le Seigneur a aussi apparu, et que ceux qui l'ont vu n'ont point su autre chose sinon qu'il étoit un homme de notre terre, avant qu'il se fût révélé ; mais qu'aujourd'hui cela arrive très rarement, afin que les hommes ne soient pas contraints de croire par de telles manifestations ; car la foi contrainte, telle qu'est celle qui entre par les miracles, ne reste point, et même seroit nuisible à ceux chez qui la foi ne peut être implantée par la Parole dans un état non contraint.

161. L'esprit qui, dans le monde, avoit été prélat et prédicateur, ne croyoit nullement qu'il pût y avoir d'autres terres que la nôtre, parce qu'il avoit pensé dans le monde que le Seigneur est né seulement sur notre terre, et qu'il n'y a de salut pour personne sans le Seigneur. C'est pourquoi il fut réduit à un état semblable à celui auquel sont réduits les esprits quand ils paroissent sur leur terre comme hommes, état dont il vient d'être parlé : il fut donc envoyé sur cette terre, non seulement afin qu'il la vît, mais qu'il y conversât avec les habitans : par ce moyen, il s'ouvrit une communication entre cette terre et moi, de manière que j'en vis plusieurs choses, ainsi que les habitans ; voyez n° 135. Alors parurent quatre espèces d'hommes, mais chaque espèce successivement l'une après l'autre : d'abord, je vis des hommes vêtus ; ensuite des nus, de couleur de chair humaine ; puis des nus aussi, mais ayant le corps enflammé ; enfin des noirs.

162. Tandis que l'esprit, qui avoit été prélat et prédicateur, étoit chez ceux qui étoient vêtus, il parut une femme extrêmement belle de visage, vêtue d'une robe simple, d'une tunique pendante décemment par derrière, et couvrant aussi ses

bras ; sa coiffure étoit agréable et en forme de guirlande de
fleurs. L'esprit avoit un grand plaisir à voir cette vierge ; il lui
parla et lui prit même la main ; mais comme elle s'aperçut que
c'étoit un esprit, et qu'il n'étoit pas de la terre qu'elle habitoit,
elle se déroba à ses caresses. Ensuite il apparut à cet esprit, sur
la droite, plusieurs autres femmes qui faisoient paître des brebis et des agneaux qu'elles menoient alors à un abreuvoir, où
l'eau étoit conduite d'un lac par une tranchée. Ces femmes
avoient le même vêtement, et tenoient dans leurs mains une
houlette avec laquelle elles menoient boire les brebis et les
agneaux. Elles dirent que ces brebis alloient au lieu qu'elles
leur montroient avec la houlette. Ces brebis étoient grandes, et
avoient des queues grosses et longues garnies de laine. Je vis de
plus près le visage de ces femmes : il étoit rond et fort beau. Je vis
aussi des hommes : leur visage étoit de couleur de chair humaine,
comme sur notre terre ; mais avec cette différence que la partie
inférieure étoit noire au lieu d'être barbue, et que leur nez étoit
de couleur de neige, plutôt que de couleur de chair. Ensuite l'esprit qui, comme je l'ai dit, avoit été prédicateur pendant sa
vie dans le monde, fut conduit plus loin, mais malgré lui,
parce qu'il étoit encore occupé de la pensée de cette femme qui
lui causoit un vif plaisir, ce qui se manifestoit par un reste de
son ombre qui paroissoit encore dans le premier lieu. Alors il
vint vers ceux qui étoient nus : ils marchoient ensemble deux à
à deux : c'étoient un mari et une femme ceints d'une étoffe autour des reins, et ayant la tête couverte d'une espèce de coiffure. Cet esprit, étant chez eux, fut conduit dans l'état où il
étoit dans le monde quand il vouloit prêcher ; et alors il dit
qu'il vouloit prêcher devant eux le Seigneur crucifié ; mais ils lui
répondirent qu'il ne vouloient pas entendre de pareilles choses,
parce qu'ils ne savoient ce que c'étoit ; mais qu'ils savoient bien
que le Seigneur est vivant. Alors il leur dit qu'il vouloit leur prêcher le Seigneur vivant ; mais ils le refusèrent aussi, en lui répondant qu'ils s'apercevoient que dans son langage il n'y avoit rien
de céleste, parce qu'il parloit beaucoup pour lui même, pour
sa réputation et pour son honneur ; qu'ils entendoient, par le
son même de la voix, si l'on parloit du cœur ou non ; et que,
comme il étoit tel, il ne pouvoit pas les instruire : c'est pourquoi il garda le silence. Il avoit été dans le monde, pendant
qu'il avoit vécu, un orateur très pathétique, au point même

qu'il pouvoit, par son éloquence, porter ses auditeurs à la sainteté; mais ce ton pathétique avoit été acquis par l'art, ainsi il venoit de l'homme lui-même et du monde, et non du ciel.

163. Ils dirent aussi qu'ils ont la perception, si l'amour conjugal est chez ceux de leur nation qui sont nus; et ils montrèrent que cette perception leur vient de l'idée spirituelle qu'ils ont sur le mariage qui, m'étant communiquée, étoit telle que la ressemblance des intérieurs est formée par la conjonction du bien et du vrai; ainsi, par la conjonction de l'amour et de la foi; et que de cette conjonction qui passe dans le corps, résulte l'amour conjugal; car tout ce qui appartient à l'âme, se présente en quelque apparence naturelle dans le corps; ainsi en apparence d'amour conjugal, quand les intérieurs des deux s'aiment mutuellement, et par cet amour ils désirent vouloir et penser l'un comme l'autre, par conséquent être ensemble et se conjoindre, quant aux intérieurs de l'esprit. Ainsi l'affection spirituelle, qui est celle des esprits, devient naturelle dans le corps, et se revêt du sentiment de l'amour conjugal : l'affection spirituelle, qui est celle des esprits, est l'affection du bien et du vrai, et de leur conjonction; car, tout ce qui appartient à l'esprit, soit en pensée ou en volonté, se rapporte au bien et au vrai. Ils dirent de plus que le sentiment conjugal n'existe nullement entre un mari et plusieurs femmes, parce que le mariage du bien et du vrai, qui est celui des esprits, ne peut avoir lieu qu'entre deux.

164. Ensuite l'esprit dont j'ai parlé ci-dessus alla vers ceux qui étoient nus, mais avec un corps enflammé; et enfin vers ceux qui étoient noirs, dont les uns étoient nus, et les autres habillés : mais les uns et les autres habitoient ailleurs sur cette terre; car l'esprit peut en un moment être conduit à des endroits éloignés l'un de l'autre, sur une terre, parce qu'il ne marche pas, et n'est pas porté comme l'homme par les espaces, mais par les changemens d'état; voyez ci-dessus nos 125, 127.

165. Enfin, je m'entretins avec les esprits de cette terre de la croyance des habitans de la nôtre, touchant la résurrection; et je leur dis que les habitans de notre terre ne peuvent concevoir que les hommes, aussitôt après la mort, vont dans une autre vie; qu'ils paroissent alors comme des hommes quant au visage, au corps, aux bras, aux pieds, et quant à tous les sens externes et internes; encore moins qu'ils ont des vêtemens, des

logemens et des demeures ; et cela parce que la plupart pensent
d'après les sens du corps, et croient que ce qu'ils ne voient et ne
touchent pas, n'est rien ; de sorte que peu d'entre eux peuvent
être soustraits aux sens externes, et être introduits dans les intérieurs, et ainsi être élevés dans la lumière du ciel, dans laquelle de telles choses sont perçues. De là vient qu'ils ne peuvent avoir de leur âme ou esprit l'idée qu'ils ont d'un homme,
mais l'idée comme du vent, de l'air ou d'un souffle qui n'a
nulle forme, en qui cependant il y a quelque chose de vital.
C'est pourquoi ils croient qu'ils ne ressusciteront qu'à la fin du
monde, qu'ils appellent le dernier jugement, et qu'alors leur
corps, quoique réduit en poudre, et dispersé par tous les
vents, sera recueilli et conjoint à son âme ou esprit. J'ajoutai
qu'il leur est permis d'avoir une telle croyance, parce que
ceux qui pensent d'après les sens externes, ne peuvent comprendre autre chose sinon que leur âme ou leur esprit ne peut
vivre homme dans une forme humaine, à moins qu'il ne re-
prenne ce corps qu'il a porté comme son enveloppe dans le
monde : c'est pourquoi, si l'on ne disoit pas que ce corps ressuscitera, ils rejeteroient de tout leur cœur la doctrine sur la
résurrection et sur la vie éternelle, comme étant incompréhensible. Néanmoins cette pensée sur la résurrection a cela d'utile,
qu'ils croient à la vie après la mort ; et de cette foi il résulte
que, quand ils sont malades dans leur lit, et qu'ils ne pensent
plus aux choses mondaines et corporelles, conséquemment qu'ils
ne pensent plus d'après les sens, comme auparavant, ils croient
qu'aussitôt après la mort ils vivront. Ils parlent aussi, dans ces
momens, du ciel et de l'espérance de la vie dont ils y jouiront
aussitôt après la mort, sans avoir égard à la doctrine erronée
sur le dernier jugement. Je leur dis de plus que j'avois été quelquefois fort surpris de ce que quand ceux qui sont dans la foi
parlent de la vie après la mort, et de leurs enfans ou de leurs
parens qui meurent ou qui sont morts, et qu'ils ne pensent
point en même temps au jugement dernier, ils croient qu'ils vivront ou vivent aussitôt après leur mort ; mais que cette idée,
sitôt que la pensée sur le jugement dernier influe, se change en
idée matérielle touchant leur corps terrestre, et suivant laquelle il doit se conjoindre une seconde fois à leur âme ; car ils
ne savent pas que chaque homme est un esprit, quant à ses intérieurs ; et que c'est cet esprit qui vit dans le corps et dans

toutes ses parties, et non le corps qui vit par soi-même; et que c'est l'esprit de chacun duquel le corps reçoit sa forme humaine, conséquemment qui est principalement l'homme et en une forme semblable, mais invisible aux yeux du corps, quoique visible aux yeux des esprits; d'où vient que quand la vue de l'esprit de l'homme s'ouvre, ce qui se fait par l'éloignement de la vue du corps, les anges paroissent comme des hommes : ainsi des anges apparurent aux anciens : il en est fait mention dans la Parole. J'ai aussi conversé quelquefois avec des esprits que j'avois connus pendant qu'ils vivoient dans le monde, comme hommes; et je leur demandai s'ils voudroient être revêtus une seconde fois de leur corps terrestre, comme ils l'avoient autrefois pensé. A ces mots, et à la seule idée de cette conjonction, ils s'enfuirent stupéfaits d'avoir ainsi pensé dans le monde, d'après une foi aveugle et dépourvue de toute intelligence.

166. Je vis en outre sur cette terre les demeures des habitans : c'étoient des maisons basses et longues, avec des fenêtres au même nombre que les logemens ou les chambres qui y étoient pratiquées. Le toit en étoit rond : il y avoit une porte à l'extrémité de chaque côté. Ils me dirent qu'elles étoient faites de terre et couvertes de gazon; et que les fenêtres étoient des treillages faits de brins de gramen, enlacés de façon que le jour passoit à travers. J'y vis des enfans. Les habitans me dirent que les voisins venoient les visiter, surtout à cause des enfans, afin qu'ils fussent en société avec d'autres enfans, sous la vue et la conduite de leurs parens. J'y vis aussi des campagnes blanchissantes alors d'une moisson presque mûre; on me montra les semences ou graines de cette moisson; elles étoient semblables aux graines du blé de la Chine. On me montra aussi les pains qu'ils en font, et qui sont petits, et en morceaux carrés. Je vis en outre des prairies toutes émaillées de fleurs, ainsi que des arbres avec leurs fruits, qui ressembloient à des grenades; enfin des arbrisseaux qui ne sont point des vignes, mais qui portent cependant des grappes dont ils font du vin.

167. Le soleil de cette terre, qui pour nous est une étoile, paroît aux habitans comme enflammé, et de la grandeur à peu près de la quatrième partie de notre soleil. L'année est pour eux environ de deux cents jours, et le jour est de quinze heures, par rapport à la durée des jours de notre terre. Cette terre est entre les plus petites dans le ciel astral; à peine a-t-

elle cinq cents mille d'Allemagne de circonférence. Voilà ce que les anges m'ont dit d'après la comparaison faite avec des choses semblables sur notre terre, qu'ils voyoient en moi ou dans ma mémoire. Ils tiroient ces conclusions par des idées angéliques, par lesquelles sont connues sur-le-champ les mesures des espaces et des temps dans le juste rapport aux espaces et aux temps des autres lieux. Les idées angéliques étant spirituelles, excèdent immensément, dans ces sortes de rapports, les idées humaines, qui sont naturelles.

DE LA CINQUIÈME TERRE DANS LE CIEL ASTRAL, DE SES ESPRITS ET DE SES HABITANS.

168. Je fus conduit encore à une autre terre qui est hors de notre monde solaire dans l'univers; et cela aussi par des changemens d'état continués presque pendant douze heures. J'étois accompagné de plusieurs esprits et de plusieurs anges de notre terre, avec lesquels je conversois dans cette route ou marche. Je fus alors porté obliquement en haut et obliquement en bas, continuellement vers la droite, qui dans l'autre vie est vers le midi : je vis des esprits seulement dans deux endroits, et dans l'un je conversois avec eux. Je pus, dans cette route ou marche, observer combien est immense le ciel du Seigneur, qu'il a fait pour les anges et pour les esprits ; car il me fut facile de conclure, par les espaces non habités, qu'il est si immense que, quand il y auroit plusieurs millions de terres, et sur chacune une aussi grande multitude d'hommes que sur la nôtre, il y auroit des habitations pour eux dans toute l'éternité, sans que jamais le ciel fût rempli : c'est ce que j'ai pu conclure d'après la comparaison faite avec l'étendue du ciel qui est autour de notre terre et pour notre terre, laquelle étendue est respectivement si petite, qu'elle n'égale pas la millionième partie de l'étendue non habitée.

169. Quand les esprits angéliques qui étoient de cette terre se présentèrent à notre vue, ils nous parlèrent, nous demandant qui nous étions, et ce que nous voulions. Nous leur répondîmes que c'étoit pour voyager que nous venions chez eux; que nous avions été transportés sur leur terre, et qu'ils n'eussent rien à craindre de nous. Effectivement ils craignoient que nous ne fussions de ceux qui troublent leurs idées sur Dieu,

sur la foi, et sur d'autres sujets semblables; et c'étoit pour les fuir, autant qu'il leur étoit possible, qu'ils s'étoient portés dans cette région de leur terre. Je leur demandai comment ces autres esprits les troublent. Ils répondirent que c'est par l'idée de trois, et par l'idée de la Divinité sans *humanité dans Dieu*, tandis qu'ils savent et perçoivent qu'il y a un seul Dieu et qu'il est homme. Je m'aperçus alors que ceux qui les avoient troublés, et qu'ils fuyoient, étoient de notre terre, parce qu'il y a des esprits de notre terre qui sont ainsi errans dans l'autre vie, par le désir et le plaisir de voyager qu'ils ont contracté dans le monde; car dans les autres terres, il ne se fait point de tels voyages : j'appris ensuite que c'étoient des moines qui, par zèle de convertir les nations sur notre globe, avoient ainsi voyagé. C'est pourquoi nous leur dîmes qu'ils faisoient très bien de fuir ces esprits, parce que leur intention n'est point d'enseigner, mais de s'enrichir et de dominer; et qu'ils s'attachent d'abord, par différens moyens, à gagner les esprits, mais ensuite à se les soumettre en esclaves; en outre qu'ils faisoient bien de ne pas souffrir que leur idée sur la Divinité fût troublée par de tels esprits. Ils nous dirent qu'ils les troublent aussi en leur disant qu'il faut avoir la foi et croire ce qu'ils disent : mais qu'ils leur répondent qu'ils ne savent ce que c'est que la foi ou ce que c'est que croire, puisqu'ils perçoivent en eux-mêmes que telle chose est réellement ainsi. Ces esprits qui nous parloient de cette manière, étoient du royaume céleste du Seigneur, où tous savent par une perception intérieure les vérités, qui chez nous sont appelées vérités de la foi; car ils sont tous dans l'éclairement par le Seigneur : il n'en est pas de même de ceux qui sont dans le royaume spirituel. Que ces esprits angéliques étoient du royaume céleste, c'est ce qu'il me fut donné de voir par la flamme d'où leurs idées procédoient; car la lumière est flamboyante dans le royaume céleste, et blanche dans le royaume spirituel. Ceux qui sont du royaume céleste, quand ils parlent sur les vérités, ne disent que *oui, oui, ou non, non*; et jamais ils ne raisonnent sur une vérité, pour savoir si elle est ou si elle n'est pas; ce sont ceux dont le Seigneur dit : *Votre discours sera oui, oui, non, non; parce que tout ce qui est au-delà vient du mal.* C'est pour cette raison que ces esprits dirent qu'ils ne savoient pas ce que c'étoit qu'avoir la foi ou croire. Ils considèrent cela comme si quelqu'un disoit à son compagnon,

qui voit de ses yeux des maisons ou des arbres, qu'il doit avoir
la foi ou croire qu'il y a là des maisons ou des arbres, quand
il voit clairement qu'ils y sont. Tels sont ceux qui appartiennent au royaume céleste du Seigneur ; et tels étoient ces esprits
angéliques (*aaa*). Nous leur dîmes qu'il y en avoit bien peu
sur notre terre qui eussent une perception intérieure, parce
que dans leur jeunesse, ils apprennent les vérités, et ne les
mettent point en pratique. Car il y a deux facultés dans l'homme ;
l'entendement et la volonté ; ceux qui n'admettent pas les vérités
au-delà de leur mémoire, qui conséquemment ne les admettent
qu'un peu dans leur entendement, et non dans leur vie, c'est-
à-dire dans leur volonté, comme ils ne peuvent être dans aucun éclairement ou dans aucune vue intérieure par le Seigneur,
ils disent qu'il faut croire ces vérités, ou qu'il faut avoir la foi ;
et ils raisonnent sur les vérités pour savoir si elles sont des
vérités, ou non. Ils ne veulent pas même qu'elles soient perçues au moyen de quelque vue intérieure, ou de quelque éclairement par l'entendement. Ils parlent ainsi, parce que les vérités
sont chez eux sans lumière du ciel ; et pour ceux qui voient sans
la lumière du ciel, les faussetés peuvent paroître comme des vérités, et les vérités comme des faussetés. De là vient que plusieurs ont été frappés d'un si grand aveuglement, que quoique
l'homme ne pratique point les vérités, ou n'en fasse point la
règle de sa vie, ils disent néanmoins qu'il peut être sauvé par
la foi seule ; comme si l'homme n'étoit pas homme par la vie et
selon la vie, mais par la connoissance des choses qui appartiennent à la foi sans la vie. Ensuite nous parlâmes à ces esprits angéliques du Seigneur, de l'amour pour le Seigneur, de l'amour
envers le prochain, et de la régénération, et nous leur dîmes,
qu'aimer le Seigneur, c'est aimer les préceptes qui viennent de

---

(*aaa*) Le ciel est distingué en deux royaumes, dont l'un est appelé
royaume céleste, et l'autre royaume spirituel, n°s 3887. 4138. Dans le
royaume céleste, les anges savent d'innombrables arcanes, et sont dans
une sagesse immensément supérieure aux anges qui sont dans le royaume
spirituel, n° 2718. Les anges célestes ne pensent point et ne parlent point
d'après la foi, ainsi que font les anges spirituels, mais d'après une perception interne que telle chose est ainsi, n°s 202. 597. 607. 784. 1121.
1387. 1398. 1442. 1919. 7680. 7877. 8780. Sur les vérités de la foi, les anges
célestes disent seulement oui, oui, ou non, non ; les anges spirituels raisonnent si telle chose est ou n'est pas ainsi, n°s 202. 337. 2715. 3246.
4448. 9196.

lui, ce qui est vivre par amour, selon ces préceptes (*bbb*). Que l'amour envers le prochain consiste à vouloir le bien, et conséquemment à faire du bien à ses concitoyens, à la patrie, à l'Eglise, au royaume du Seigneur, non pour soi-même, afin d'être vu et de mériter, mais par l'affection du bien (*ccc*); que quant à la régénération, ceux qui sont régénérés par le Seigneur, et qui introduisent aussitôt les vérités dans leur vie, entrent dans la perception intérieure sur ces vérités; mais que ceux qui reçoivent d'abord ces vérités dans leur mémoire, et ensuite les veulent et les pratiquent, sont ceux qui sont dans la foi; car ils agissent par la foi, qui est alors appelée conscience. Ils me dirent qu'ils percevoient que toutes choses sont ainsi, et par conséquent ce que c'est que la foi. Je conversai avec eux par des idées spirituelles, par lesquelles de telles vérités peuvent être présentées et comprises dans la lumière.

170. Ces esprits, avec qui je conversai alors, étoient de la partie septentrionale de leur terre. Ensuite je fus conduit vers d'autres qui étoient de la partie occidentale. Ceux-ci voulant aussi examiner qui et quel j'étois, dirent aussitôt qu'il n'y avoit chez moi rien que du mal. Ils pensoient que c'étoit le moyen de me dissuader de les approcher. Je reconnus que c'étoit ainsi qu'ils parloient d'abord à tous ceux qui arrivoient auprès d'eux. Mais il me fut donné de leur répondre que je savois bien que cela étoit vrai, et que chez eux il n'y avoit non plus rien que du mal, parce que tout homme naît dans le mal, et que par conséquent tout ce qui vient de l'homme, de l'esprit et de l'ange comme du sien ou de son propre, n'est que mal; puisque tout le bien qui est dans chacun vient du Seigneur seul. Par cette réponse, ils aperçurent que j'étois dans la vérité, et je fus admis à converser avec eux. Alors ils me firent voir quelle étoit leur idée sur le mal chez l'homme, et sur le bien par le Seigneur, et comment ils sont séparés l'un de l'autre. Ils les plaçoient l'un auprès de l'autre, presque comme s'ils étoient contigus, et

---

(*bbb*) Aimer le Seigneur, c'est vivre selon ses préceptes, n⁰ˢ 10143. 10153. 10310. 10578. 10648.

(*ccc*) Aimer le prochain, c'est pratiquer le bien, la justice et la droiture dans toute œuvre et dans toute fonction; d'après l'affection du bien, de la justice et de la droiture, n⁰ˢ 8121. 8122. 10310. 10336. La vie de l'amour envers le prochain est la vie selon les préceptes du Seigneur, n° 3249.

cependant distincts, mais comme liés d'une manière ineffable, tellement que le bien conduisoit le mal et le retenoit pour l'empêcher d'agir à son gré, et que le bien faisoit ainsi tourner le mal où il vouloit, malgré que le mal le sût. Ils représentoient ainsi l'empire du bien sur le mal, et en même temps l'état de liberté. Ensuite ils me demandèrent comment le Seigneur apparoît chez les anges de notre terre. Je leur dis qu'il leur apparoit comme homme dans le soleil du monde spirituel, entouré d'un feu solaire, d'où vient toute lumière aux anges dans les cieux ; que la chaleur qui procède de ce feu est le divin bien, ainsi que la lumière qui en procède est le divin vrai, l'un et l'autre procédant du divin amour, qui est ce feu paroissant autour du Seigneur dans ce soleil ; mais que ce soleil apparoît seulement aux anges dans le ciel, et non aux esprits qui sont au-dessous, parce qu'ils sont plus éloignés de la réception du bien de l'amour et du vrai de la foi, que les anges qui sont dans les cieux ; *voyez* ci-dessus n° 40. Il leur fut donné de me faire ces questions sur le Seigneur, et sur son apparition devant les anges de notre terre, parce qu'il plut alors au Seigneur de se rendre présent chez eux, et d'y remettre l'ordre, qui avoit été troublé par les esprits méchans dont ils s'étoient plaints ; ce fut aussi afin que je fusse témoin de cet événement, que j'avois été conduit à cette terre.

171. Je vis alors à l'orient une nuée sombre descendant d'en haut, qui, à mesure qu'elle s'abaissoit, devint lumineuse, prit la forme humaine, enfin parut comme une splendeur couleur de flamme, autour de laquelle étoient de petites étoiles de la même couleur ; c'est ainsi que le Seigneur se rendit présent chez les esprits avec qui je conversois. A sa présence, tous les esprits de cette terre s'assemblèrent de tous côtés, et quand ils furent arrivés, les bons furent séparés des méchans ; les bons furent placés à droite et les méchans à gauche ; et cela à l'instant même, et comme spontanément : ceux qui étoient à droite furent rangés selon la qualité du bien qui étoit chez eux ; ceux qui étoient à gauche, selon la qualité du mal qui étoit chez eux. Ceux qui étoient bons restèrent pour former entre eux une société céleste ; mais les méchans furent jetés dans les enfers. Ensuite je vis cette splendeur couleur de flamme descendre assez profondément dans les lieux inférieurs de la terre ; et là paroissoit tantôt couleur de flamme, approchant du clair, tantôt couleur

claire, approchant de l'obscur, et tantôt entièrement obscure ;
et il me fut dit par les anges que cette apparence étoit selon la
réception du vrai par le bien, et du faux par le mal, chez
ceux qui habitent les lieux inférieurs de cette terre; et que ce
n'étoit nullement la splendeur couleur de flamme, qui subissoit
de telles variations. Ils me dirent aussi que les lieux inférieurs
de cette terre étoient autant habités par des bons que par des
méchans; mais qu'ils étoient séparés, pour que les méchans fussent gouvernés au moyen des bons par le Seigneur. Ils ajoutèrent que les bons étoient quelquefois élevés dans le ciel par le
Seigneur, et qu'à leur place il y en venoit d'autres, et ainsi
perpétuellement. Dans cette descente, les bons furent pareillement séparés des méchans, et tout fut remis dans l'ordre; car
les méchans, par divers artifices et diverses ruses, s'étoient introduits dans les demeures des bons, et les avoient infestés :
c'est ce qui donna lieu à cette visite. Ce nuage qui, en descendant, avoit paru par degré, obscur, clair et en forme humaine, et ensuite comme une splendeur couleur de flamme,
étoit une société angélique, au milieu de laquelle étoit le Seigneur. Par là, il me fut donné de savoir ce qu'on doit entendre
par ces paroles du Seigneur dans les Évangélistes, quand il
parle du dernier jugement : *Le Fils de l'Homme viendra ac-*
compagné de ses anges dans les nuées du ciel, avec gloire et
puissance.

172. Je vis ensuite des esprits de moines, c'est-à-dire qui,
dans le monde, avoient été moines voyageurs, ou mission-
naires, dont j'ai parlé ci-dessus; et je vis aussi une troupe
d'esprits qui étoient de cette terre, la plupart méchans, que
ceux-là avoient séduits et attirés dans leur parti : ils parurent
à la région orientale de cette terre, d'où ils avoient éloigné les
bons qui s'étoient retirés vers le côté septentrional, et desquels
j'ai déjà parlé. Cette troupe réunie avec ses séducteurs, formoit
une société réunie de quelques milliers d'esprits, séparée des
autres; les méchans de cette société furent précipités dans les
enfers. Il me fut donné aussi de m'entretenir avec un esprit
moine, et de lui demander ce qu'il faisoit sur cette terre. Il
me répondit qu'il y étoit pour instruire les habitans sur le Seigneur, sur le ciel et l'enfer, sur la foi qu'ils devoient avoir dans
tout ce qu'il leur diroit; sur le pouvoir de remettre les péchés,
d'ouvrir et de fermer le ciel. J'examinai alors ce qu'il savoit sur

le Seigneur, sur les vérités de la foi, sur la rémission des péchés, sur le salut de l'homme, sur le ciel et l'enfer; et je
découvris qu'il ne savoit presque rien, et qu'il étoit dans l'obscurité et dans le faux sur tout, tant en général qu'en particulier, et qu'il n'y avoit en lui que la cupidité de s'enrichir et de
dominer, qu'il avoit contractée dans le monde, et emportée
avec lui. C'est pourquoi je lui dis que comme c'étoit par cette
cupidité qu'il avoit voyagé jusque-là, et que comme il étoit tel,
quant à la doctrine, il n'avoit pu qu'enlever aux esprits de
cette terre la lumière céleste, et leur apporter les ténèbres de
l'enfer, par conséquent faire que l'enfer dominât chez eux, et
non le Seigneur. En outre il étoit ingénieux à séduire, mais
stupide par rapport aux choses du ciel. Comme cet esprit étoit
tel, il fut ensuite précipité dans l'enfer. C'est ainsi que les
esprits de cette terre furent délivrés de ces esprits méchans.

173. Les esprits de cette terre me dirent, entre autres choses, que ces esprits étrangers qui étoient, ainsi qu'il a été dit,
des esprits moines, s'étoient attachés à leur persuader de vivre
ensemble en société, et non séparés et isolés. Car les esprits et
les anges habitent et cohabitent de la même manière que dans
le monde : ceux qui ont habité réunis ensemble dans le monde
habitent réunis ensemble dans l'autre vie; et ceux qui ont
vécu séparés par maisons et par familles habitent dans l'autre
vie aussi séparés. Ces esprits, dans leur terre, quand ils y
vivoient hommes, habitoient séparément, maisons par maisons, familles par familles, races par races, et de là ne savoient pas ce que c'est que d'habiter réunis en société. C'est
pourquoi, quand je leur dis que ces étrangers leur conseil-
loient de se réunir pour leur commander et établir une domination sur eux, et qu'ils ne pouvoient autrement se les soumettre et les rendre esclaves; ils répondirent qu'ils ne savoient
nullement ce que c'est que commander et dominer. Je m'aperçus que la seule idée d'empire et de domination les faisoit fuir,
parce qu'un de ces esprits, qui nous accompagnoit par derrière,
lorsque je lui montrai la ville où j'habitois, s'enfuit à son premier aspect, et ne reparut plus.

174. Alors je parlai avec les anges qui étoient avec moi, sur
la domination, et je leur dis qu'il y a deux sortes de domi-
nations; l'une, de l'amour envers le prochain, et l'autre, de
l'amour de soi-même; que la domination de l'amour envers

le prochain est parmi ceux qui habitent séparés par maisons, par familles et par races; mais que la domination de l'amour de soi-même est parmi ceux qui habitent réunis en société. Parmi ceux qui vivent séparés par maisons, par familles et par races, c'est celui qui est le père de la race qui domine; sous lui les pères de famille, et sous eux les pères de chaque maison. On y appelle père de race celui dont sont issues les familles, desquelles familles se composent les maisons; mais tous ces chefs dominent par amour comme un père sur ses enfans : chacun enseigne comment ils doivent vivre, leur fait du bien; et autant qu'il le peut, leur donne du sien, et il ne lui vient jamais dans la pensée de les soumettre comme des sujets ou comme des serviteurs, mais il aime qu'ils lui obéissent comme des enfans à leurs pères; et comme cet amour, ainsi qu'on le sait, croît en descendant, voilà pourquoi le père d'une race agit par un amour plus intérieur que le père même de qui les enfans tiennent le jour immédiatement. Telle est aussi la domination dans les cieux, parce que telle est la domination du Seigneur; en effet la domination du Seigneur est fondée sur le divin amour envers tout le genre humain. Mais la domination de l'amour de soi, qui est opposée à la domination de l'amour envers le prochain, a commencé quand l'homme s'est éloigné du Seigneur; car autant l'homme n'aime point et n'adore point le Seigneur, autant il s'aime et s'adore lui-même, et autant aussi il aime le monde. Alors par la nécessité de se mettre en sûreté, les races avec leurs familles et leurs maisons se réunirent et établirent des gouvernemens sous différentes formes. En effet, autant cet amour s'est accru, autant se sont aussi accrus les maux de tout genre, comme les inimitiés, les jalousies, les haines, les vengeances, les cruautés, les fourberies contre tous ceux qui s'opposoient à cet amour; car du propre dans lequel sont ceux qui sont dans l'amour de soi-même, il ne peut découler que le mal, puisque le propre de l'homme n'est que mal, et le propre n'étant que mal, il ne reçoit pas du ciel le bien. C'est pourquoi l'amour de soi, quand il est régnant, est le père de tous les autres maux (*ddd*);

(*ddd*) Le propre de l'homme, qu'il tire de ses père et mère, n'est qu'un mal épais, n⁰ˢ 210. 215. 731. 874. 876. 987. 1047. 2307. 2318. 3518. 3701. 3812. 8480. 8550. 10283 à 10286. 10731. Le propre de l'homme est de

aussi cet amour est tel, que, quand on lui lâche la bride, il se précipite avec une telle fureur, que celui qui s'y livre veut enfin dominer sur tous les autres hommes, et posséder tous les biens des autres ; ce n'est pas même assez, il veut dominer sur tout le ciel : la preuve en est dans la Babylone de nos jours. Telle est maintenant la domination de l'amour de soi même, duquel la domination de l'amour envers le prochain diffère autant que le ciel diffère de l'enfer ; mais quoique la domination de l'amour de soi-même soit telle dans les sociétés, ou dans les royaumes et les empires, cependant il y a une domination de l'amour envers le prochain, même dans les empires, chez les hommes qui sont sages par la foi et l'amour envers Dieu ; car ces hommes aiment le prochain. Que ceux-ci habitent aussi dans les cieux et y sont distingués par races, par familles et par maisons, quoique ensemble dans des sociétés, mais selon les affinités spirituelles qui sont du bien de l'amour et du vrai de la foi, c'est ce que, par la divine miséricorde, je dirai ailleurs.

175. Ensuite j'interrogeai un esprit touchant différentes choses qu'il y a sur la terre d'où ils sont ; d'abord touchant leur culte divin et la révélation. Touchant leur culte, ils me dirent que les races avec leurs familles se rassemblent chaque trentième jour dans un certain lieu, et y entendent des sermons ; qu'alors le prédicateur, placé dans une chaire un peu élevée de terre, leur enseigne les divines vérités qui conduisent au bien de la vie. Quant à la révélation, ils me dirent qu'elle se fait le matin, dans l'état qui est entre le sommeil et le réveil, quand ils sont dans une lumière intérieure qui n'est pas encore troublée par les sens du corps et par les occupations mondaines, et qu'alors ils entendent les anges du ciel, qui leur parlent des vérités divines et de la vie selon les vérités ; et

---

s'aimer lui-même plus qu'il n'aime Dieu, et d'aimer le monde plus qu'il n'aime le ciel, et de regarder le prochain comme rien par rapport à soi, ou seulement à cause de soi ; ainsi de n'aimer que soi : conséquemment le propre est l'amour de soi et du monde, nos 694. 731. 4317. 5660. Tous les maux proviennent de l'amour de soi et du monde, autant qu'ils prédominent, nos 1307. 1308. 1321. 1594. 1691. 3413. 7255. 7376. 7480. 7488. 8318. 9335. 9348. 10038. 10742. Ces maux sont le mépris des autres, l'inimitié, la haine, la vengeance, la cruauté, l'astuce, nos 6667. 7372 à 7374. 9348. 10038. 10742 ; et de ces maux provient tout faux, nos 1047. 10283 à 10286.

que, quand ils sont entièrement éveillés, il leur apparoît à
leur lit un ange vêtu de blanc, qui disparoît subitement à
leurs yeux; qu'ils savent par là que ce qu'ils viennent d'entendre leur est adressé par le ciel; qu'ainsi est distinguée la
vision divine d'avec la vision non divine; car, dans la vision
non divine, l'ange ne paroît point. Ils ajoutèrent que c'est de
cette manière que se font les révélations chez leurs prédicateurs, et quelquefois aussi chez d'autres.

176. Aux questions que je leur fis sur leurs maisons, ils me
répondirent qu'elles étoient basses, construites en bois, avec
un toit plat autour duquel règne un rebord en pente, et que
dans la partie antérieure habitent le mari et l'épouse, dans la
chambre contiguë les enfans, et ensuite les servantes et les serviteurs. Quant à la nourriture, ils me dirent qu'ils boivent du
lait avec de l'eau, qu'ils tirent ce lait des vaches qui ont de
la laine comme des brebis. Sur leur manière de vivre, ils me
dirent qu'ils marchent nus, et qu'ils n'ont point honte de cette
nudité; que leurs conversations ont lieu entre ceux qui sont de
la même famille.

177. Ils me dirent sur le soleil de leur terre, qu'il paroît
aux habitans comme un corps enflammé; que leur temps an-
nuel est de deux cents jours, et que le jour égale neuf heures
de notre temps; c'est ce qu'ils purent conclure d'après la longueur des jours de notre terre qu'ils percevoient en moi; qu'ils
ont un printemps et un été perpétuels; qu'ainsi leurs campagnes sont toujours émaillées de fleurs, et leurs arbres sans cesse
chargés de fruits. La cause de cette température vient de ce
que leur année est très courte, n'étant que de la durée de
soixante-quinze jours de notre année; or, partout où les années sont si courtes, le froid ne dure point en hiver ni l'ardeur de la chaleur en été : d'où il résulte que la terre éprouve
un printemps continuel.

178. Touchant les fiançailles et les mariages de leur terre,
ils me dirent qu'une fille qui approche de l'âge nubile est re-
tenue à la maison, et qu'il ne lui est plus permis d'en sortir jusqu'au jour où elle doit être mariée; qu'alors elle est
conduite à une certaine maison nuptiale, où sont aussi conduites plusieurs autres jeunes filles; que là elles sont rangées
derrière une cloison qui s'élève jusqu'à la moitié de leur corps,
de sorte qu'elles se montrent nues du visage et de la poitrine;

qu'alors des jeunes hommes viennent dans cette maison, afin de se choisir chacun une d'entre elles pour femme; et quand un jeune homme voit une fille vers qui son inclination le porte, il la prend par la main; si elle le suit aussitôt, il la conduit dans une maison séparée, et elle devient son épouse; car ils voient sur leur visage si les caractères se conviennent. En effet, le visage de chacun y est le miroir de l'âme; il ne feint ni ne ment jamais. Afin que tout se passe dans la décence et sans lasciveté, derrière les jeunes filles est assis un vieillard et à leur côté une vieille femme, qui les observent. Il y a plusieurs lieux semblables où les jeunes filles sont conduites, et des temps marqués pour que les jeunes gens fassent un choix; car si dans un lieu ils ne voient pas la fille qui leur convient, ils vont dans un autre; et s'ils ne peuvent choisir dans un temps, ils reviennent au terme suivant. Ils me dirent enfin qu'un mari n'a qu'une femme et jamais plusieurs, parce que cela est contre l'ordre divin.

FIN.

TABLE.

DE L'IMPRIMERIE DE CRAPELET,
rue de Vaugirard, n° 9.